Sebastian Copien & Hansi Heckmair

GRÜN in allen Farben

Das saisonale Kochbuch
vegetarisch & vegan

GRÜN in allen Farben

DAS SAISONALE KOCHBUCH

VEGETARISCH & VEGAN

SEBASTIAN COPIEN &
HANSI HECKMAIR

CHRISTIAN

Über den Autor

Sebastian Copien

Sebastian Copien liebt das Kochen. Und er liebt es, mit natürlichen Lebensmitteln vegetarische und vegane Rezepte zu kreieren, die das gewisse Etwas haben. Der weltbereiste Vegetarier, Kochkursleiter und Foodstylist vermittelte in vielen Kochkursen und Seminaren bereits tausenden Menschen die Einfachheit und Freude eines bewussten Kochens.

Sein Spezialgebiet ist die neue vegetarische und pflanzliche Küche. Zu diesem Thema hält er Seminare und Kochkurse und berät Hotels und Restaurants zu einer vielfältigen fleisch- und fischlosen Küche.

Mit *GRÜN IN ALLEN FARBEN* ermutigt Sebastian Copien dazu, ungewöhnliche vegetarische und vegane Kombinationen und Kreationen zu wagen und auf das eigene Gefühl beim Kochen zu vertrauen.

Über den Fotografen

Hansi Heckmair

Sein kreatives Talent entwickelt Hansi Heckmair seit Jahren in den verschiedensten Bereichen der Fotografie. Seine Energiequellen sind die starke Verbundenheit zur Natur und das Ziel, sich stets weiterzuentwickeln. Sie prägen seinen Stil, den er mit seinen Kameras visualisiert.

Er lässt sich vom Zeitgeist nicht vorgeben, welche Limits und Ziele die richtigen sind, deshalb entdeckt man sein Streben nach schönen Bildern in Motiven von den steilen kalten Nordwänden bis hin zu leckeren Zaubereien in der Küche von www.foodography.eu.

Inhalt

Frühling

Sommer

Herbst

Winter

Vorwort

Dr. Rüdiger Dahlke

Sebastian Copiens Begeisterung fürs Kochen und sein besonders sanfter Weg, über bessere Alternativen zu einem neuen Lebensgefühl zu gelangen, hat mich sofort angesprochen. Der Traum des Autors ist einfach: Mit wohlschmeckenden vegetarischen Speisen so zu überzeugen, dass Fleisch einfach wegfällt, weil es so viel Besseres gibt. Diesen Weg bringt er uns mit köstlichen, den Jahreszeiten entsprechenden Gerichten nahe. Es geht hier also, statt um Verzicht, um neuen (Lebens-) Genuss, und dazu nimmt der Autor Leser, Esser und Genießer unterstützend an die Hand. Er lässt Sie die Vielfalt der vegetarischen Küche entdecken und erkennen, wie viel Spaß Kochen machen kann.

Sebastian Copien überzeugt mit ansprechenden und dabei zugleich einfachen Gerichten, die zur Jahreszeit und in unsere Gegend passen. Saisonal und regional sind Zauberworte, denen wir uns alle aus gesundheitlichen und ökologischen Gründen wieder annähern sollten. Der Autor empfiehlt regionale Produkte in Bio-Qualität, natürlich wegen der Frische und optimalen Anbauverhältnisse. Tatsächlich essen wir immer am besten, was auch bei uns wächst und gedeiht.

So vermittelt das Buch eine Rückkehr zum Verständnis und zum geschmacklichen Erleben der Jahreszeiten, eine Rückkehr zur Einfachheit des Essens und damit zugleich zur bewährten Tradition. In den meisten Gegenden des deutschen Sprachraums war noch vor 50 Jahren täglicher Fleischkonsum undenkbar, weil finanziell gar nicht möglich. Auf dem Land gab es den Sonntagsbraten – von Montags- und Dienstagsbraten war keine Rede. Heute können wir uns täglichen Fleischkonsum zwar finanziell, aber keineswegs gesundheitlich leisten, wie in meinem Buch »Peace-Food« deutlich wird. Es ist also naheliegend, dem Autor auf seinem bewussten Weg zurück zu einem erfüllten, einfachen und geschmackvollen Leben zu folgen, weg vom Fleisch zu gesünderen Alternativen.

So ergibt sich ganz nebenbei eine Wiederversöhnung mit der Ernährung unserer Vorfahren, allerdings auf einem viel höheren Koch- und Ernährungsniveau.

Der Autor nähert sich nicht einfach naiv dem Thema, um uns über Geschmack und Genuss zu fleischfreiem Essen zu begleiten, sondern durchschaut ganz klar das Problem: Fleisch war und ist die Hauptsache und -attraktion, der Star auf dem Teller. Als leidenschaftlicher Koch weiß Copien aber auch, dass es in Wahrheit lediglich einer von vielen möglichen Geschmacksträgern ist und es bessere und gesündere gibt, wie Tofu und zunehmend auch die blaue Süßlupine. All diese wertvollen Alternativen – denn sie sind viel mehr als nur Ersatz – fungieren aber auch nur als Geschmacksträger, wenn auch gesünder und bekömmlicher. Sie müssen gut zubereitet werden, und genau das lehrt dieses Buch. Tatsächlich finden sich hier nicht nur Rezeptsammlungen zu den Jahreszeiten, sondern auch viele wertvolle Kochgeheimnisse und -tricks, die bereitwillig vermittelt werden. So gelingt das Ersetzen der bisherigen Hauptsache ausgesprochen geschmackvoll.

Von daher wäre der Weg zur fleischlosen Ernährung leicht und locker zu schaffen, aber Copien weiß auch, wie tief die Geschmackskonditionierungen sitzen. Wir sind mit speziellen Aromen, Düften, Gerüchen und Geschmäcken aufgewachsen, und sie sind uns in Fleisch und Blut übergegangen. Geruch und Aroma sind mit dem Riechhirn in einem großen und enorm wichtigen Gehirnbereich verankert und eng mit Gefühl und Emotionen verbunden, die im limbischen System des Gehirns untergebracht sind. Hier liegt eines der Geheimnisse, warum wir uns mit jedem Wechsel von Essgewohnheiten schwertun. Alte, eingefahrene Muster kehren meist rasch wieder zurück, selbst wenn sie nachweislich und nachhaltig schaden.

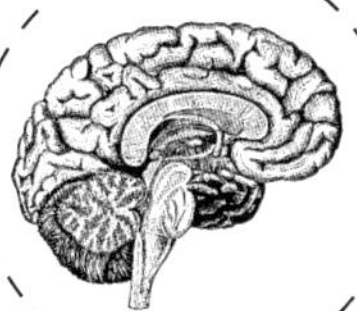

Mit Geschmack und Geruch wecken wir viele Gefühle, Emotionen und schöne Erinnerungen in uns, die wir mit vertrauten angenehmen oder jedenfalls gewohnten Situationen verbinden. Um diese Zusammenhänge aufzulösen und neue Konditionierungen zu schaffen, geht der Autor sanft mit uns, seinen Kochschülern und Lesern, um, ohne uns zu überfordern oder gar zu erschrecken. So will ich – auch wenn ich um die Schattenseiten der modernen Tierprotein-Ernährung weiß – hier die Vorteile betonen, die in fleisch- und besonders tierproteinfreier Ernährung liegen. Sebastian Copien hat selbst die meisten seiner vegetarischen Gerichte mit veganen Alternativen versehen, sodass die kochenden Benutzer mit ein und demselben Buch ihre eigene Entwicklungsgeschwindigkeit selbst bestimmen und einen Schritt nach dem anderen machen können.

Der vegetarisch oder vegan lebende Mensch wird nicht nur deutlich älter, sondern bleibt dabei auch gesünder und bekommt – wie in Studien nachgewiesen – deutlich seltener Krebs. Durch die reichlich in Pflanzen enthaltenen Antioxidantien ergeben sich klare Verjüngungshinweise und ein Aufhalten vorzeitiger Alterungsprozesse. Darüber hinaus fühlt sich der Vegetarier und noch mehr der Veganer leichter und unbeschwerter, auch seelisch befreiter, schon weil er keinen Anteil mehr am Elend der Fleischindustrie hat. Da der Verzicht auf Tiermilch-Produkte auch die Verschleimung deutlich verringert, wie die chinesische Medizin belegt, fühlt er sich obendrein geschmeidiger und seine Bewegungen werden fließender. Bei »Peace-Food«-Ernährung lassen auch die Ausdünstungen rasch nach, und man entwickelt sich in Richtung der indischen Forderung, nach der zuletzt genossenen Frucht zu duften. Meditationen werden tiefer, der innere Frieden nimmt zu, und der äußere bekommt eine Chance.

So können viele kleine Schritte zusammenkommen und das Leben schließlich in ein kulinarisches Freudenfest verwandeln. Wer selbst etwas anbaut, und sei es auf dem eigenen Balkon, vermag das zu erleben. Wer die wertvollen Hinweise bezüglich der Behandlung einzelner Pflanzen in Sebastian Copiens Kochschule befolgt, wird es schmecken.

Dass ich als Vertreter von »Peace-Food« und damit einer ganz tierproteinfreien Ernährung ein Vorwort für solch ein Buch schreibe, liegt daran, dass ich die sanfte Art des Autors schätze, seine Kochschüler da abzuholen, wo sie sich gegenwärtig befinden, und sie geschmackvoll zu verführen, weiterzugehen und ihre Schritte in ihrer Zeit zu machen. Dieser harmonische Weg aus dem Fleischland mit all seinem Elend beginnt mit einer Mahlzeit ohne Fleisch. Auch wenn »Peace-Food« enorme gesundheitliche, humanitäre und ökologische Chancen beinhaltet und noch weitergehen will, umfasst es doch in jedem Moment immer nur einen kleinen Schritt und eine Mahlzeit, die bewusst ohne Fleisch und Tierprotein auskommt und besser mundet.

TamanGa im Dezember 2012

Dr. Rüdiger Dahlke
(Arzt, Psychotherapeut und Autor)

www.dahlke.at

Saisonkalender

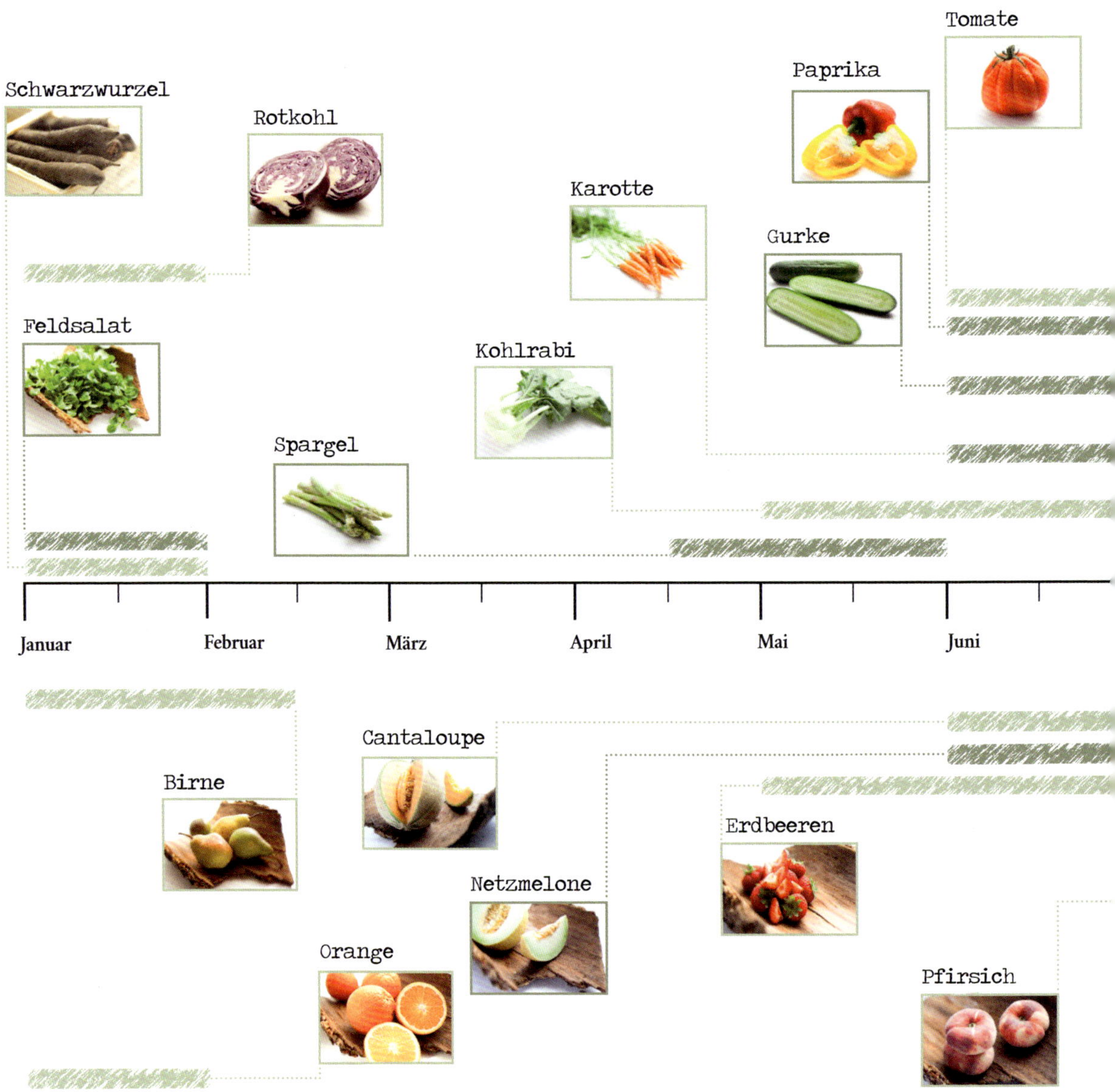

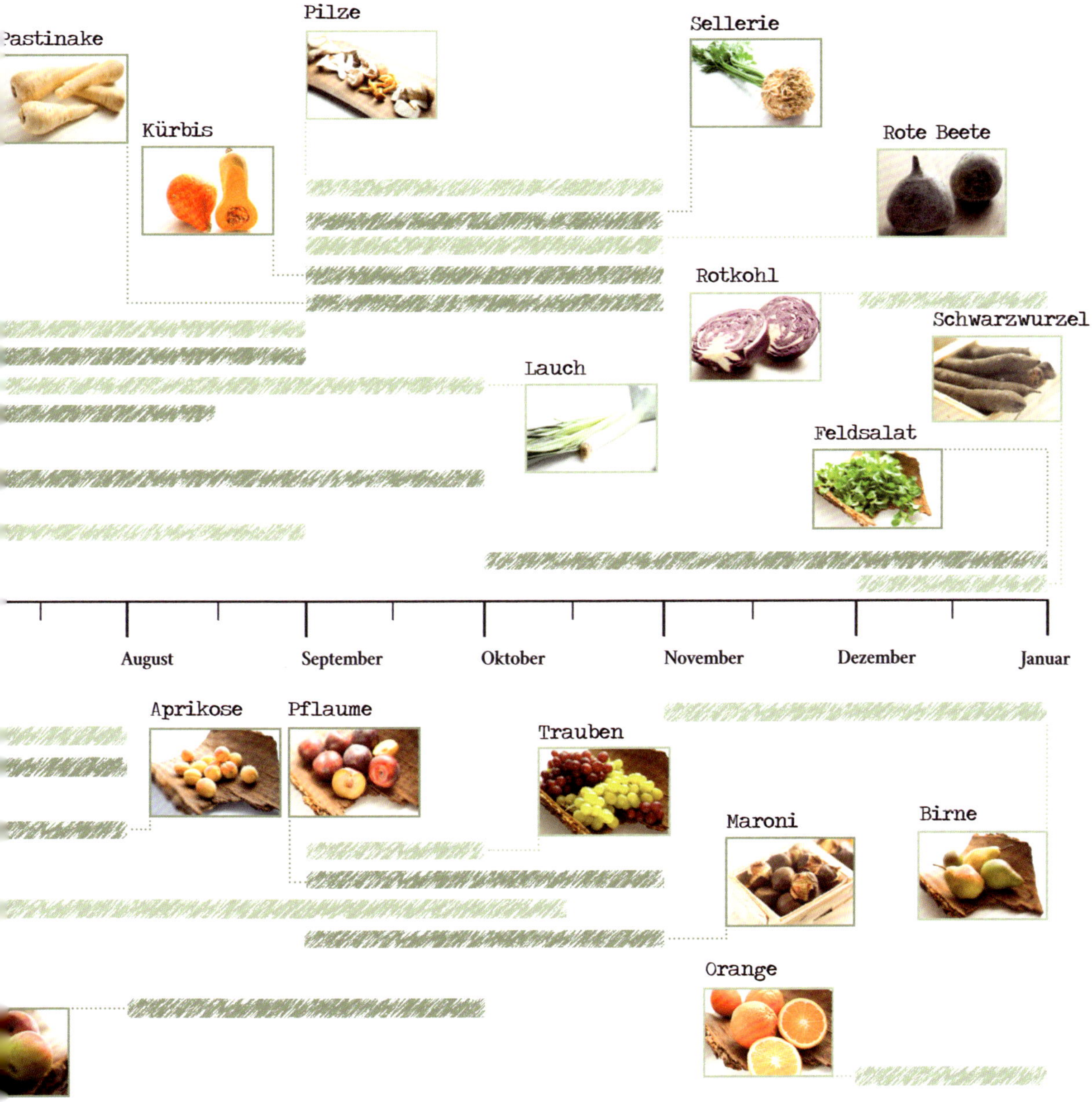

Alle Angaben beziehen sich auf den Freilandanbau (ohne Gewähr).

Einleitung

»Ich bin Leben, das leben will, inmitten von Leben, das leben will.«
Albert Schweitzer

Liebe Leserin, lieber Leser,
wie schön, dass du mein Buch in Händen hältst! Ich freue mich, mit dir auf diese Weise eine meiner großen Leidenschaften teilen zu können: das Kochen. Denn es ist einfach eines der genussvollsten und sinnlichsten Dinge der Welt. Seit einigen Jahren bin ich selbstständig als Kochkursleiter und Ernährungstrainer tätig und habe eine Riesenfreude daran, die Vielfalt des Kochens in meinen Kursen und Seminaren erleb- und spürbar zu machen. Besonders schön ist es, dabei mit so vielen Menschen gemeinsam kreativ zu werden.

Deshalb ist es mir hier auch ein besonderes Anliegen, die Grundelemente einer einfachen und geschmacklich überzeugenden Küche auf leichte Weise zu vermitteln. Mit diesem Kochbuch erzähle ich dir auch einen Teil meiner eigenen Geschichte: Ich ernähre mich seit einiger Zeit vegetarisch und habe vor ein paar Jahren begonnen, die Geschmackswelten der vegetarischen und veganen Küche zu erobern und neu zu gestalten. Ich möchte mit diesem Buch niemanden bekehren, sondern einfach nur bewusst machen, dass Gerichte ohne Fisch oder Fleisch nicht Verzicht sein müssen, sondern Vielfalt bedeuten können. Ich habe selbst erlebt, welche bunten Geschmackserfahrungen sich erschließen, sobald man anfängt, seinen Geist für die vegetarische oder vegane Küche zu öffnen. Das Bedürfnis, Fleisch zu konsumieren, wird dabei ganz automatisch immer kleiner. Bei meiner Arbeit sehe ich, wie leicht es ist, diese Geschmackskonditionierung aufzulösen, die wir uns teilweise durch jahrelangen Überkonsum von Fleisch angewöhnt haben. Man muss nur den ersten Schritt machen und das eigene Bewusstsein für Neues öffnen. Deshalb möchte ich mit diesem Buch auch jeden Menschen dazu ermutigen, genau hinzusehen, was uns durch die sogenannte Lebensmittelindustrie vorgesetzt wird, und zu hinterfragen, ob man sich selbst mit so vielen künstlichen und designten »Lebensmitteln« und produzierten Tieren wirklich etwas Gutes tut. Gerade was das Tierleid anbelangt, hat sich eine grausame Realität entwickelt, in der nicht einmal ansatzweise noch von Mitgefühl und Menschlichkeit gesprochen werden kann. Ich habe jahrelang einfach nur blind konsumiert, und das hat mir – kein Wunder – überhaupt nicht gut getan. Als ich angefangen habe, darüber nachzudenken, was ich alles konsumiere, was davon mir selbst guttut und was nicht, sind mir viele Dinge klar geworden. Da bin ich kein Einzelfall. Wahre Lebensmittel sind, wie es das Wort schon beinhaltet, ein Mittel zum Leben. Ohne zu trinken und zu essen, könnten wir nicht existieren. Es geht also um eines der wenigen essenziellen Themen im Leben und nicht nur um das lästige Hungergefühl in der Magengegend, das es mal eben zu befriedigen gilt. Welche Nahrung tut mir gut? Welche Lebensmittel geben mir Lebenskraft? Das sind Fragen, die sich jeder Mensch ganz spielerisch selbst beantworten kann. Für mich liegt eine der besten Möglichkeiten, die eigentliche Kraft und Bedeutung von Lebensmitteln zu erkennen, bei deren Ursprung, also zum Beispiel beim Anbau. Auch wenn es manchmal nur im kleinen Stil möglich ist, etwas Gemüse, frische Kräuter oder Obst im eigenen Garten, auf dem Balkon oder auf der Fensterbank anzubauen, wird es einem beim genauen Hinsehen doch viele Einsichten bescheren. Es gleicht für mich immer wieder einem Wunder, wenn ich zum Beispiel einen Zucchinisamen in die Erde stecke und damit eine Pflanze zum Leben erwecke, die mich zum Dank für ein wenig Pflege mit mehreren Kilos leckerer Zucchinis und wunderschönen gelben Blüten versorgt. Die Blüten und Früchte zu ernten und zu einem kraftvollen Essen zu verarbeiten, schließt dann den Kreis. Diesen Zyklus zu erleben, sensibilisiert jeden Menschen für natürliche Kreisläufe und die eigene Verantwortung beim Thema Ernährung, davon bin ich überzeugt. Vielleicht inspirieren dich diese Gedanken genauso wie mich. Das würde mich von Herzen freuen!

Ich möchte dir noch die Menschen vorstellen, die an diesem Buch mitgewirkt haben: Die Fotos hat mein guter Freund Hansi Heckmair gemacht, ein toller Mensch und ein Wahnsinnsfotograf mit einer unglaublichen Inspiration. Es hat mir einen Riesenspaß gemacht, so viele Tage mit ihm gemeinsam in seinem Studio zu kochen und kreativ zu sein. Zum Glück haben uns in dieser Zeit immer viele Freunde besucht und uns beim Aufessen der vielen tollen Gerichte geholfen, unter anderem auch das Team von LOWE-Design – Leopold Loitfelder, Olli Weikamp und Jana Wollherr, aus deren Feder die grafische Gestaltung stammt, sowie überhaupt die Idee, ein Kochbuch in Angriff zu nehmen. Ich könnte mir kein besseres Team vorstellen und möchte die vielen Tage, an denen unsere Köpfe gemeinsam geraucht haben, nicht missen!

So ist das Buch ein großartiges Projekt geworden, in das sich so viele kreative und wundervolle Menschen eingebracht haben, um in meinen Augen etwas ganz Besonderes entstehen zu lassen. Jetzt wünsche ich dir viel Spaß beim Entdecken der Rezepte, Ideen und Kreationen. Neues von mir und meiner Arbeit gibt es natürlich auf meiner Homepage unter *www.sebastian-copien.de*. Ich würde mich freuen, wenn du mal vorbeischaust. Für Feedback und Anregungen bin ich immer dankbar.

Viel Spaß beim Kochen und *keep smiling*!

Sebastian, 12.12.2012

Copien
deiner Natur

DEUTSCHER
Olivenöl
mild

Die neue fleischlose Küche

Die größte Herausforderung bei der Umstellung auf eine vegetarische oder vegane Lebensweise ist meistens unsere Geschmackskonditionierung. Das war auf jeden Fall meine größte Herausforderung dabei. Wir sind mit ganz bestimmten Gerüchen und Geschmäcken groß geworden. Diese rufen unendlich viele Emotionen, Gefühle und schöne Momente in uns wach, die wir mit ganz bestimmten Situationen verknüpfen. Das geschieht mehr unbewusst als bewusst und kann entsprechend zur echten Herausforderung werden, wenn es um eine Ernährungsumstellung geht. Überall ist in unserer Gesellschaft auf den Tellern das Fleisch oder der Fisch die alltägliche Hauptattraktion geworden, alles andere ist nur Beilage. Dafür tragen Geschmackskonditionierung und Gewohnheit meiner Erfahrung nach eine größere Verantwortung als der eigentliche Geschmack.

Auch wenn ich es nicht mag, von Tieren als »Produkten« zu sprechen, ist es wichtig, das Thema Fleisch auch von der technischen Seite her zu betrachten, um zu verstehen, wie man eine leckere vegetarische Küche kreieren kann, bei der auch alle Geschmackskonditionierungen fleischlos oder tierfrei bedient werden. Technisch betrachtet, ist Fleisch nicht viel mehr als ein Geschmacksträger. Das weiß jeder, der schon mal ein schlecht gewürztes Stück Fleisch gegessen hat. Was ist also der Geschmack, der sich jedem, der fleischessend aufgewachsen ist, so stark eingeprägt hat? Mit etwas Übung und der richtigen Technik gelingt es ohne Probleme, einen Bombengeschmack auf den Teller zu bringen, dem es an nichts fehlt. Es stimmt mich immer etwas traurig, wenn ich als Vegetarier und Liebhaber guten Essens in einem normalen Restaurant essen möchte und der Großteil des »vegetarischen« Angebots in meinen Augen nicht zu genießen ist. Es gibt langweilige Gerichte, bei denen versucht wird, das Fleisch ohne Motivation und Kreativität zu ersetzen. In unser aller Interesse hoffe ich, dass immer mehr Restaurants die Chance erkennen, die eine gute vegetarische Küche in sich trägt. Ich kenne so viele Menschen, die sich bei einem guten vegetarischen Angebot immer für die fleischlose Alternative entscheiden. Fleisch wird oft nur deshalb gewählt, weil diese Alternative fehlt. Wenn ich mich intensiv damit beschäftige, Fleisch mit tollen Ersatzprodukten, gut eingekochten Saucen und etwas Raffinesse zu ersetzen, dann ist das Ergebnis sehr schmackhaft und spannend. Ein Stück ungewürzter Tofu hingegen wird die Geschmacksnerven kaum befriedigen.

Meiner Definition nach gibt es zwei absolut wertvolle vegetarische/vegane Prinzipien, nach denen man traumhaftes Essen kochen kann. Es gibt auf der einen Seite eine neue, kreative vegetarische Küche, die mit frischen, bunten und natürlichen Lebensmitteln neue, spannende Gerichte entwickelt, ohne den Fleischgeschmack nachahmen zu wollen. Auf der anderen Seite ist da die vegetarische Küche, die zum Teil mit neuen Fleischersatzprodukten altbekannte Fleischgerichte geschmacklich perfekt nachahmt, um unsere Geschmackskonditionierung zu befriedigen. Beide Richtungen sind in meinen Augen unbeschreiblich wertvoll und haben ihre Berechtigung. Die Mischung macht's, und genau das spiegelt dieses Buch wider. Es gibt aus meiner Sicht drei wichtige Aspekte, die unabhängig von diesen beiden Kochprinzipien in jedes Essen mit einfließen sollten. Hier sind meine drei wichtigsten Tipps, wie man ein überzeugendes vegetarisches/veganes Essen zubereitet, sodass es selbst dem Fleischliebhaber an nichts fehlt.

Vielfalt und Umdenken

Wenn ich bei einem Gericht, das aus einem Stück Fleisch und etwas Beilage bestanden hat, versuche, das Fleisch einfallslos zu ersetzen, wird das Gericht mit hoher Wahrscheinlichkeit langweilig werden. Ich muss also anfangen umzudenken und versuchen, größtmögliche Vielfalt auf den Teller zu bringen, sodass es mir geschmacklich an nichts fehlt. Die indische Küche ist ein gutes Beispiel dafür. Viele Inder sind glaubensbedingt Vegetarier, und es ist sehr auffallend, dass sich in der indischen Küche eine riesige Vielfalt an mehrdimensionalen Gerichten etabliert hat. Wenn ich beispielsweise ein original indisches Essen vor mir habe, dann fällt mir zuerst auf, dass es nie aus nur zwei Teilen besteht. Es sind meist viele kleine, interessante Einzelteile, die ein wundervolles Ganzes ergeben. Hier etwas Safranreis, dort ein leckeres Chutney, ein tolles Dal-Gericht, ein paar knusprige Teigtaschen und ein farbenfrohes Gemüse-Kokoscurry. Was passiert also, wenn ich vor diesem Teller sitze? Es sind so viele leckere Kleinigkeiten da, die appetitlich und farbenfroh aussehen und duften, dass ich gar nicht weiß, was ich zuerst probieren und genießen soll. Bei dieser tollen Auswahl ist wirklich für jede geschmackliche Vorliebe etwas dabei!

Gewürze und Aromen

Neben den vielen Gewürzen dieser Welt, die das kreativ-vegetarische Kochen bereichern können, gibt es ein paar wunderbare Gewürze und Aromen, die einen kräftigen und intensiven Geschmack ins Essen bringen. Zu meinen Lieblingszutaten, mit denen ich viel experimentiere, gehören geräucherte Paprikaflocken. Mit ihnen kann man zum Beispiel eine unglaubliche Barbecuesauce für Soja-Big-Steaks zubereiten oder einen rauchigen und »fleischigen« Geschmack ins Veggie-Gulasch oder das Kartoffelgröstel zaubern. Da dieses Gewürz nicht überall erhältlich ist, habe ich in diesem Buch darauf verzichtet, kann es aber von Herzen empfehlen. Ansonsten sind alle Gewürze, die auch für Fleischgerichte gerne verwendet werden, eine gute Wahl. Paprikapulver, Kümmel oder Kreuzkümmel, angeröstetes Tomatenmark oder auch Hefeflocken bringen das gewisse kräftige Etwas mit, das sich der Schlemmergaumen hin und wieder wünscht.

Röstaromen

Röstaromen sind das Wichtigste, um einen kräftigen Geschmack zu erzeugen. Durch Karamellisieren von etwas Zucker und Anrösten von Gewürzen wie Paprika, Kümmel und Tomatenmark sowie von Gemüse und Fleischersatzprodukten verleiht man den Zutaten einen sehr intensiven Geschmack, den viele von Fleischgerichten her kennen. Ich bezeichne das gern als »kontrolliertes Verbrennen«. Man braucht etwas Übung, um genau den richtigen Punkt abzupassen, denn wirklich verbrennen sollte das Essen natürlich nicht. Erstens wäre das nicht gesund und zweitens auch schade um die wunderbaren Lebensmittel.

Wärmt von innen!

Kochen nach Rezept … mal anders

Ich habe in meinem Leben unglaublich viele Kochbücher in der Hand gehabt – für mich waren sie immer mehr Inspirationsgeber als Nachkochwerke. Das hat natürlich auch mit der Praxistauglichkeit für den Alltag zu tun. Mir erschien es nie sinnvoll, sich zuerst ein Rezept auszusuchen, dann dafür einkaufen zu gehen und es dann erst nachkochen zu können. Das funktioniert im normalen Berufsalltag einfach nicht. Als ich beschlossen habe, ein Kochbuch zu schreiben, habe ich mir also zunächst Gedanken darüber gemacht, wie man dieses eingefahrene System verbessern kann. Meine Zielsetzung war es, diesen »Kochbuchablauf« von Rezept suchen – Einkaufen – Kochen in Einkaufen – Rezept aussuchen – Kochen umzudrehen. Ich hoffe, dass dir dieses neue Kochbuchkonzept gefällt. Da mir eine saisonale Küche mit besten regionalen Lebensmitteln sehr wichtig ist, werden die Rezepte zunächst einmal nach Jahreszeiten eingeteilt. Pro Saison gibt es jeweils zehn Rezepte. Von diesen Rezepten können acht sowohl als Vorspeise als auch als Hauptspeise zubereitet und gegessen werden, zwei davon sind jeweils Nachspeisen. Es gibt eine Einkaufsliste (Seite 28) für sogenannte Basislebensmittel. Diese beinhaltet alle lagerfähigen Lebensmittel und Gewürze, die einmalig eingekauft werden sollten, weil sie für eine flexible Küche meiner Meinung nach ins Grundsortiment gehören. Für jede Saison gibt es dann zusätzlich eine Übersicht für alle saisonalen und frischen Zutaten (Gemüse, Obst, Kräuter, Tofu, Joghurt etc.). Diese kleine »Einkaufsliste« in den Einkaufskorb packen, und schon kannst du alle zehn Rezepte der Saison nach Lust und Laune zubereiten. Wenn du alle Basislebensmittel zu Hause hast, reicht es aus, mit der kleinen Liste für die frischen Produkte einkaufen zu gehen.

Eine Änderung des »Einkaufs- und Kochverhaltens« hat verschiedene Vorteile:

Flexibilität: Eine gute Grundausstattung an Basislebensmitteln ermöglicht dir, jederzeit etwas Leckeres zu kochen, selbst wenn der Kühlschrank fast leer ist.

Zeitersparnis: Schnelles Einkaufen wird der Standard, da du nur noch einige frische und saisonale Zutaten einkaufen musst und die Basis schon zu Hause im Vorratsschrank auf dich wartet. Die meisten Frischprodukte kannst du ohne lange Wege beim Gemüsehändler ums Eck besorgen.

Gesünder essen: Saisonale Lebensmittel haben die perfekte Reife und stammen meist aus regionaler Produktion ohne lange Lieferkette. Sie sind somit reicher an Nährstoffen und Vitaminen und strotzen vor Kraft.

Geldersparnis: Saisonale Produkte sind oft günstiger, denn genau in dieser Zeit gibt es viel Ware, die reif auf den Markt gepusht wird. Zudem ist es durch die gute Basis an haltbaren Lebensmitteln zu Hause leichter, alle Lebensmittel auch zu verbrauchen. Wir werfen weniger weg und sparen dadurch viel Geld und wertvolle Ressourcen.

Nachhaltigkeit: Saisonale/regionale Lebensmittel haben keine langen Reisewege und eine super Energiebilanz. Durch die Flexibilität beim Kochen, die die Kombination von frischen Produkten mit unserer Basisausstattung bietet, werden, wie erwähnt, auch weniger Lebensmittel weggeworfen. Ebenso unterstützt der Einkauf von saisonalen Produkten regionale Erzeuger und Märkte.

Kreative Variation: Durch diese Art zu planen und zu kochen lernt man auf einfache Weise, mit den Lebensmitteln, die einem saisonal geboten werden, umzugehen. Das regt die Fantasie an, und manchmal entstehen dabei wie von selbst neue und leckere Gerichte.

Junger Knoblauch ist mild im Geschmack
und dezenter in Sachen Ausdünstung.

Einkaufslisten

Lebensmittel und Gewürze, die vorrätig sein sollten

Essig und Öl
- Balsamicoessig, weiß
- Bratöl (hoch erhitzbar)
- Olivenöl, nativ
- Sesamöl
- Sesamöl, angeröstet

Gemüse und Obst
- Zitronen (Bio)
- Zwiebeln, rot oder braun

Getreide, Pseudogetreide und Getreideprodukte
- Basmatireis, weiß oder Vollkorn
- Bauernbrot und/oder Baguette (altes Baguette immer aufheben und trocknen als Knödelbrot)
- Couscous oder Dinkelcouscous
- Dinkelmehl (Type 630)
- Knödelbrot
- Kochdinkel
- Penne (Dinkel oder Hartweizen)
- Quinoa
- Semmelbrösel
- Spaghetti (Dinkel oder Hartweizen)

Gewürze
- Chili, frisch oder getrocknet
- Currypulver (z. B. Garam Masala)
- Fenchelsamen
- Kardamom, gemahlen
- Knoblauch
- Koriander, gemahlen
- Kreuzkümmel, gemahlen
- Kümmelsamen, ganz
- Muskatnuss, ganz
- Nelken, ganz oder gemahlen
- Orangenblütenwasser
- Oregano, getrocknet
- Paprika, edelsüß
- rosa Pfeffer
- Rosenblütenwasser
- Safranfäden
- Salz, natürliches (Meersalz, Fleur de Sel, Steinsalz)
- schwarzer Pfeffer, frisch aus der Mühle
- Senf, mittelscharf
- Sesam, schwarz oder hell
- Thymian, getrocknet
- Vanilleschote oder gemahlene Vanille
- Zimt, gemahlen

Hülsenfrüchte
- Kichererbsenmehl
- Kidneybohnen
- rote Linsen

Konserven
- Kokosmilch
- Tomaten, stückig
- Tomatenmark

Nüsse und Kerne
- Cashewmus
- Haselnüsse
- Mandeln
- Pinienkerne oder Cashewkerne
- Walnüsse
- weißes Mandelmus

Sojaprodukte
- Sojagranulat
- Sojamehl, vollfett

Trockenfrüchte
- getrocknete Datteln
- Rosinen

Zum Süßen
- Ahornsirup
- Honig oder Agavendicksaft
- Rohrohrzucker

Sonstiges:
Bratengarn oder Spieße
Gemüsebrühepulver (Bio)
Preiselbeermarmelade
Weißwein (trocken)

Frühling

Obst/Gemüse
Äpfel, Bärlauch, Erdbeeren, Ingwer, Karotten, Kohlrabi, Spargel (grün oder weiß), Spinat

Frische Kräuter
Minze, Petersilie, Rosmarin, Salbei, Thymian

Frische Produkte
Butter (Kuhmilch oder pflanzlich), Fetakäse (Soja-/Kuh-/Schafsmilch), Milch (Kuh-/Sojamilch), Montellokäse, saftiger Räuchertofu, Sahne-/Sojajoghurt, Schlagsahne

Sommer

Obst/Gemüse
Fenchel, Gurke, Lauch, Netz-/Zuckermelone, Paprika, Pfirsiche/Weinbergpfirsiche, reife Sommertomaten, Zucchini, Zuckeraprikosen

Frische Kräuter
Basilikum, Koriandergrün, Minze, Petersilie, Rosmarin, Salbei, Thymian

Frische Produkte
Feta (Soja-/Kuh-/Schafsmilch) oder Gorgonzola, Mascarpone, Pecorino oder Montello, geräucherter Mozzarella (Scamorza), Sahne-/Sojajoghurt

Herbst

Obst/Gemüse
Ingwer, Kopfsellerie, Kürbis (Hokkaido oder Butternut), Maronen (zur Not gekocht im Vakuumbeutel), Pastinake, Pilze (z. B. Champignons, Steinpilze, Pfifferlinge, Austernpilze, Shiitakepilze), Rote Bete, Zwetschgen o.der Pflaumen

Frische Kräuter
Basilikum, Koriandergrün, Minze, Petersilie, Rosmarin, Salbei, Thymian

Frische Produkte
Butter (Kuhmilch oder pflanzlich), Eier, Emmentaler, Greyezer Käse oder würziger Bergkäse, Milch, Montello, saftiger Räuchertofu, Sahne-/Sojajoghurt, Schlagsahne

Winter

Obst/Gemüse
Äpfel, Birnen, Feldsalat, Ingwer, Kartoffeln (festkochend), Orangen (Bio), Rosenkohl, Schwarzwurzel, Weiß-/Rotkohl oder Wirsing

Frische Kräuter
Basilikum, Minze, Petersilie, Rosmarin, Salbei, Thymian

Frische Produkte
Butter (Kuhmilch oder pflanzlich), Eier, Fetakäse (Soja-/Kuh-/Schafsmilch), Milch (Kuh-/Sojamilch), saftiger Räuchertofu, Schlagsahne, Soja-/Hafersahne, Weizenbier

Regional ist saisonal

Lebensmittel, die wir bei regionalen Betrieben einkaufen, sind natürlich auch saisonal. Das ist eine ganz simple Gleichung, die viele positive Nebeneffekte in sich birgt. Es wirkt hier von Seiten der Natur nämlich ein ziemlich einfaches und dennoch sehr wirksames Prinzip. Die Lebensmittel, die im Winter bei uns in Deutschland wachsen und gedeihen, entwickeln auch die Nährstoffe, die wir im Winter benötigen. So versorgt uns beispielsweise der Grünkohl im Winter mit genügend Vitamin C. Eine Portion dieser kraftvollen Pflanze deckt den Tagesbedarf, hebt die Stimmung und versorgt uns reichlich mit Kalzium, das der Körper gut aufschlüsseln kann. Auch Pastinaken sind ein regionales Wintergemüse mit einem hohen Gehalt an Vitamin C, Kalium, Eisen, Folsäure, Magnesium, Kalzium und Phosphor, das uns in der kalten Jahreszeit mit wichtigen Nährstoffen versorgt.

Wenn wir regionale und damit saisonale Lebensmittel einkaufen, tun wir nicht nur uns, sondern auch der Umwelt etwas Gutes, denn lange Transportwege per Flugzeug oder Schiff fallen einfach weg. Es gibt genügend Bauern, die ohne Pestizide und Fungizide arbeiten, oder auch Ökobetriebe, die Lebensmittel direkt bei dir in der näheren Umgebung anbauen oder produzieren. Diese Betriebe zu unterstützen, lohnt sich in jeder Hinsicht. Denn schließlich versorgt nicht der Supermarkt uns mit Essen, sondern die Bauern und vielen Gärtnereien. Oftmals sind es sehr kleine Betriebe in der Umgebung, die mit ganzem Herzen darauf hinarbeiten, uns mit großartigen Lebensmitteln zu versorgen. Das verdient unseren großen Dank und Respekt!

Je länger frisches Gemüse oder Obst benötigt, um bei dir auf dem Teller zu landen, desto weniger Vitamine, Mineralstoffe und auch Geschmack stecken noch darin. Viele der positiven Inhaltsstoffe verlieren durch zu lange oder falsche Lagerung an Wirkung. Vitamine sind oftmals auch wasserlöslich, daher ziehe ich Gemüse oder Obst vor, an dem noch etwas Erde klebt und das ungewaschen ist. Das kann ich selbst schnell erledigen, damit so wenig wie möglich verlorengeht.

Mittlerweile ist es leider so, dass die Saison bestimmter Lebensmittel gerne stark in die Länge gezogen wird. Gerade bei Erdbeeren oder Spargel konnte man das während der letzten Jahre extrem beobachten. Der erste Spargel wird teilweise schon ab Ende März angeboten, ebenso wie Erdbeeren. Dass das nichts mit saisonalen, hochwertigen Produkten zu tun hat, liegt auf der Hand. Die Spargelzeit beginnt eigentlich erst ab Ende April, Anfang Mai, und bei Erdbeeren geht es eigentlich erst ab Ende Mai los. Ich rate deshalb immer dazu, gerade die Gemüsesorten, die bei uns wunderbar wachsen und gedeihen, nach Möglichkeit auch nur mit deutscher Herkunft zu kaufen. Im Biomarkt sind oftmals sogar die Regionen angegeben. Erst dadurch kann ich sicherstellen, dass ich ein saisonales Produkt von Topqualität bekomme, denn im März kommt der Spargel sicher nicht aus den deutschen Spargelanbaugebieten.

Regional ist frisch!

Licht im Bio-Dschungel

Ich kaufe sowohl für mich privat als auch für meine Kurse ausschließlich hochwertigste Bio-Ware ein. Das hängt damit zusammen, dass ich nur Lebensmittel essen und auch verarbeiten möchte, die so natürlich und unbelastet wie nur möglich sind. Da mein Garten, bei dem ich die größte Garantie auf Reinheit, Frische und Geschmack habe, aber nicht genug abwirft, kommt die Bio-Ware ins Spiel. Doch auch hier gibt es sehr große qualitative Unterschiede. Der Preis ist natürlich bei hochwertigen Bio-Produkten eindeutig höher als bei konventioneller Ware. Dafür bekommt man ein natürlicheres Produkt ohne oder mit weniger Rückständen von Pestiziden und Fungiziden.

Grundsätzlich gibt es eine EU-Verordnung, die für alle EU-Staaten gilt und darüber hinaus auch die Einfuhrbestimmung für Bio-Produkte aus anderen Ländern regelt ***(Quelle: www.bio-siegel.de)***. Diese Produkte erkennt man am Bio-Siegel. Da diese Verordnung jedoch nur die Mindestbestimmungen festlegt, gibt es mittlerweile in Deutschland viele andere Bio-Labels, für deren Erhalt man als Produzent oder Bauer wesentlich höhere Auflagen erfüllen muss. Demeter zum Beispiel ist der älteste Anbauverband in Sachen Bio und wird seit 1924 betrieben. Demeter-Produkte sind in meinen Augen sozusagen die Bio-Königsklasse, denn es gibt momentan keinen anderen Anbauverband, der solch strenge und hohe Auflagen an die Bauern und Produzenten stellt wie Demeter. Demeter-Produkte haben ihren Preis, den sie nach meiner Erfahrung allerdings auch wert sind. Weitere Anbauverbände, deren Label für gute Bio-Qualität steht, sind zum Beispiel Bioland, Naturland, Biokreis, Biopark, Ecoland und Gäa.

Saisonale Perfektion: der eigene Anbau

Die Königsklasse regionaler und saisonaler Küche ist natürlich die Verarbeitung von Gemüse, das man zuvor gerade frisch im Garten oder vom Balkon geerntet hat. Verrückte Welt. Die maximale Qualität und Frische bekomme ich, wenn ich mein Gemüse oder Obst selber kultiviere und anbaue. Früher musste man das machen, um überleben zu können, und heute ist es in den Industrieländern höchstens noch ein Hobby oder eine Lebenseinstellung. Ich selbst baue, wie bereits erwähnt, Gemüse, Kräuter und Obst in meinem kleinen Garten nach meinen Möglichkeiten an, und mir wird das bisschen Arbeit, das ich da hineinstecke, doppelt und dreifach zurückgegeben.

Das ist eine Erfahrung, die sich absolut lohnt, und ich bin davon überzeugt, dass jeder, der sich auf diese Reise einlässt, erstaunt sein wird, wie viel Spaß es machen kann, den Pflanzen beim Wachsen zuzusehen, bis sie dann letztlich auf dem eigenen Teller liegen. Der Platz dafür fehlt? Es geht überall! Im Garten sowieso, auf dem Balkon gibt es unglaubliche Möglichkeiten für Kräuter, Gemüse und mehr, und selbst auf einer sonnigen Fensterbank wachsen Tomaten, Chilis, Paprika und noch vieles andere ganz wunderbar. Pflanzen sind sehr genügsam. Wenn dich das Thema interessiert, such doch einfach im Internet nach Urban Gardening.

Frische Kräutervielfalt

Frische Kräuter sind eine Bereicherung für jede Küche. Alle Kräuter, die ich in den folgenden Rezepten verwende, können ohne Probleme zu Hause kultiviert werden. So kannst du immer und zu jeder Zeit aus dem Vollen schöpfen. Neben den geschmacklichen Eigenschaften für die Küche, die den gewissen Aha-Effekt erzeugen, haben diese Wunderpflanzen alle ein paar tolle »Nebenwirkungen« für unsere Gesundheit parat. Was für eine kraftvolle Kombination: lecker essen und dabei spielerisch Körper und Geist stärken. Alle mediterranen Kräuter sind sehr genügsam. Ein wenig ungedüngte Erde, ein Plätzchen an der Sonne im Warmen und ab und zu etwas Wasser, und es sprießen immer neue Triebe, Blüten, Blätter und Zweige.

Am besten, du kaufst beim Gärtner deines Vertrauens immer jeweils drei Bio-Kräutertöpfe von einer Sorte, je einen Terracottatopf mit Abtropfloch und Auffangschale, der groß genug ist, um alle drei Pflanzen unterzubringen, und pflanzt sie dann mit Qualitäts-Kräutererde (ohne Dünger und mit Sandanteil gegen Staunässe) ein. Zu beachten ist, dass alle diese Kräuter keine nassen Füße mögen: mit dem Gießen immer etwas vorsichtig sein. Der Tontopf sorgt für einen besseren Temperatur- und Feuchtigkeitsausgleich als Plastiktöpfe, und die Pflanze fühlt sich wohler. Vorteil der Dreierpflanzung ist, dass größere und ältere Pflanzen wesentlich mehr Anteile an ätherischen Ölen besitzen und somit auch entwickeln können als die Pflanzen in Wegwerftöpfen aus dem Supermarkt. Das bringt mehr Geschmack und mehr positive Nebeneffekte.

Die Pflanzmethode ist deshalb wichtig, damit jede Pflanze die Möglichkeit hat zu wachsen, und du trotzdem schon regelmäßig ohne Bedenken ernten kannst. Im Sommer kannst du die Kräuter raus in den Garten oder auf den Balkon in die Sonne stellen. Wenn die Kräuter anfangen, im Sommer zu blühen, duftet es wundervoll, und im Winter bringt das satte mediterrane Grün ein wenig Sonne in deine Wohnung.

Sebastian Copien

Rosmarin

Rosmarin ist mein absolutes Lieblingskraut. Du kannst sowohl Stängel als auch Nadeln zum Kochen verwenden, zum Essen sind aber nur die Nadeln geeignet. Rosmarin ist festkochend und relativ hitzestabil, das bedeutet, du kannst Nadeln und Strunk von Beginn an mitkochen. Bedenke aber, dass jedes Lebensmittel im Verhältnis zur höheren Temperatur und auch zur längeren Kochdauer wichtige Inhaltsstoffe wie Vitamine und Mineralstoffe verliert.

Beim Rosmarin am besten die kleinen Seitentriebe ernten, bis die Pflanze groß genug ist, und dann ab und an auch mal einen großen Zweig. Zur weiteren Verarbeitung kannst du die Nadeln einfach entgegen der Wuchsrichtung vom Zweig ziehen. Ich schneide oder hacke die Nadeln dann vor der Verwendung immer sehr fein, damit der Geschmack beim Draufbeißen nicht zu stark wird. Dann brate ich den Rosmarin gerne mit anderen passenden Kräutern und zum Beispiel Knoblauch kurz in etwas Öl an. Dadurch nimmt das Öl den Geschmack harmonisch an. Den Zweig kannst du ebenfalls mitkochen und dann vor dem Servieren einfach aus dem Topf nehmen.

In der Küche verwende ich Rosmarin auch gerne zu allen möglichen mediterranen Gerichten, und kombiniert mit frischem Gemüse, Knoblauch oder auch Fetakäse, kann man überhaupt nichts falsch machen. Mehr als 1 gestrichenen TL fein geschnittene Rosmarinnadeln pro Person würde ich nicht verwenden, sonst wird es zu intensiv. Auf schon verholzte und ältere Zweige kann man in Öl und Knoblauch mariniertes Gemüse aufspießen und dann braten oder grillen. Der volle Geschmack des Zweiges geht direkt in das aufgespießte Gargut über.

Falls man keine weitere Verwendung für den Rosmarinzweig hat, kann man diese sammeln und trocknen. Sobald man ein paar zusammen hat, kann man sie gut in einen Waschlappen gefüllt als Zusatz für ein Kräuterbad im Winter verwenden. Rosmarin wirkt laut einigen Kräuterheilkundigen entspannend auf den Magen- und Darmbereich und regt zugleich den Kreislauf an. Für einen Rosmarintee mit Honig einfach 1 TL mit einer Tasse kochendem Wasser überbrühen und zehn Minuten ziehen lassen – das ist intensiv und wohltuend.

Salbei

Salbei ist ein wahres Kraftpaket und aus einer guten Küche nicht wegzudenken. Beim Salbei werden nur die Blätter geerntet und verwendet. Die jungen Blätter haben das feinste Aroma. Verarbeitet wird der Salbei genauso wie auch der Rosmarin.

Du kannst ganze Blätter verkochen oder aber auch die Blätter fein schneiden, wenn du es etwas milder magst. Genauso kannst du auch die Blätter mitkochen und dann einfach vor dem Servieren entfernen. Knusprig frittierte Salbeiblätter schmecken ganz wunderbar (siehe »Spargel im Haselnuss-Montello-Mantel«, Seite 70). Ich koche den fein geschnittenen Salbei bei Verwendung grundsätzlich von Anfang an mit, da er relativ hitzestabil ist. Bei der Dosierung etwas achtgeben, denn zu viel Salbei kann einem Essen einen sehr »medizinischen« Geschmack geben. Ich empfehle, nicht mehr als zwei Blätter pro Person zu verwenden.

Auch aus Salbei kann man einen wohltuenden Tee machen, der zusammen mit Honig am besten schmeckt. Salbei gilt als eine sehr alte Heilpflanze, der unter anderem eine entzündungshemmende, keimtötende und kräftigende Wirkung nachgesagt wird. In Form von Erkältungstee wirkt Salbei bei mir auf jeden Fall immer wahre Wunder. Eine Handvoll Salbeiblätter zusammen mit 500 ml Wasser kurz aufkochen und dann zehn Minuten ziehen lassen.

Petersilie

Oft werde ich gefragt, ob man besser glatte oder krause Petersilie verwendet. Ich empfehle meist die glatte Petersilie, nur in Suppen und Eintöpfen verwende ich sehr gerne auch die sogenannte Mooskrause.

Petersilie verträgt Hitze eigentlich nicht gut, und die Inhaltsstoffe gehen sehr schnell verloren. Ich brate bei manchen Pastagerichten trotzdem ganz gerne einen kleinen Löffel Petersilie mit an, denn das gibt ein ganz besonderes Aroma. Den Rest solltest du dann am besten immer erst in den letzten Minuten vor dem Servieren zum Gericht dazugeben und mitziehen lassen.

Dieser deutsche Kräuterklassiker ist eine wahre Vitamin-C-Bombe und steckt voller Mineralstoffe. Er soll die Verdauung fördern und blutreinigend wirken.

Thymian

Gibt es in der klassischen Form, die man aus vielen mediterranen Gerichten kennt, aber auch als Zitronenthymian, der neben den thymianeigenen Aromen auch ein zitroniges Aroma für Nase und Gaumen verströmt. Am besten du pflanzt in dein Thymiantöpchen zwei klassische und einen Zitronenthymian, dann hast du gleich ein wenig Auswahl. Da Thymian relativ gut und schnell wächst, wenn er ein sonniges Plätzchen hat, gibt es dann auch keine Probleme mit der Erntemenge.

Beim Thymian erntet man ganze Zweige. Da die Blätter allerdings schon so schön klein sind und sich beim Kochen leicht vom Zweig lösen, gebe ich meistens pro Portion je nach Gericht zwei bis drei kleine Zweige mit in den Topf oder die Pfanne hinein und nehme sie dann vor dem Anrichten einfach heraus. Das spart viel Arbeit. Thymian eignet sich auch hervorragend für Rohkostgerichte oder Salatdressings. Dafür ziehe ich dann die Blätter wie beim Rosmarin vom Zweig ab, schneide sie sehr fein und verarbeite sie weiter.

Thymiantee soll wie Rosmarintee auch ein wundervolles Hausmittelchen sein, wenn die Wintererkältung wieder zugeschlagen hat. Man sagt Thymian unter anderem schleim-, husten- und krampflösende Eigenschaften nach.

Basilikum

Basilikum ist in Deutschland durch einige Küchenklassiker natürlich kein Exot mehr. In Bezug auf die Kultivierung ist Basilikum neben Koriander am anfälligsten und geht sehr gerne ein. Deshalb ist eine kleine Düngung mit Bio-Dünger ab und an von Vorteil.

Verwendet werden die Blätter, allerdings sollte man sie nicht mitkochen oder großer Hitze aussetzen. Ich gebe fein geschnittene Basilikumblätter erst ganz am Schluss dazu, wenn die Pfanne schon vom Herd heruntergenommen ist, kurz vor dem Servieren.

Basilikumtee soll beruhigend auf die Nerven wirken und gut für den Magen sein.

Minze

Minze wird bislang in der deutschen Küche sehr sparsam eingesetzt. Es gibt mittlerweile so viele verschiedene Minzzüchtungen, dass man mit dem Zählen schon kaum mehr hinterherkommt. Minze wuchert förmlich, wenn es ihr gefällt, und kann, im Garten ausgesetzt, auch mal schnell zur Plage werden. Wenn du in dein Kräutertöpfchen eine Spearminze, eine Erdbeerminze und eine Schokominze pflanzt, hast du ein wenig Abwechslung, und, wie schon beschrieben, wächst die Minze normalerweise schneller, als man sie verwenden kann.

Ich koche sehr gerne getrocknete Kichererbsen in einem kräftigen Minztee, dann nehmen die Erbsen ein ganz feines Aroma an, das zu cremigem Hummus oder auch zu einem Kichererbsentaboulé passt. Das funktioniert auch bei allen anderen Hülsenfrüchten.

Ich verwende Minze auch gerne in sehr geringen Mengen, wenn ich mediterrane Gerichte koche, in Chutneys und in etwas größeren Mengen in einem Minzpesto (siehe »Spargelcouscous mit Haselnuss-Minze-Pesto«, Seite 76). Auch in alle Asia-Salate oder Rohkostgerichte bringt die Minze Schwung hinein. Verwendet werden in der Küche nur die Blätter.

Tee aus frischer Minze ist in Sachen Geschmack nicht zu schlagen. Im Sommer ist kalter Minztee mit etwas Zitrone, Ahornsirup und Eiswürfeln eine Wahnsinns-Erfrischung. Und im Winter soll er, heiß getrunken, nervenstärkend wirken und unter anderem den Stoffwechsel anregen.

Basistipps

Hülsenfrüchte

Hülsenfrüchte sind wahre Energiebomben voller Mineralstoffe und reich an pflanzlichem Eiweiß. Wichtig bei der Zubereitung von Hülsenfrüchten (außer roten Linsen) ist, kein Salz ins Kochwasser zu geben, weil sie sonst einfach nicht weich werden. Gewürze und Kräuter wie Minze, Salbei, Kreuzkümmel oder Fenchelsamen im Kochwasser sind dagegen durchaus zu empfehlen, denn sie wirken sich nicht nur auf den Geschmack, sondern auch auf die Verdauung günstig aus.

Grundsätzlich muss man größere getrocknete Hülsenfrüchte (Bohnen, Kichererbsen) immer über Nacht in Wasser einweichen, damit die Kochdauer unter einer Stunde bleibt. Es gibt natürlich auch Ausnahmen. Ungeschälte Mungbohnen zum Beispiel muss man etwa 45 Minuten, geschälte 30 Minuten ohne vorheriges Einweichen kochen, rote Linsen ohne Einweichen 5–10 Minuten und grüne/braune Linsen 30–40 Minuten. Wichtig ist es, alle Hülsenfrüchte vor dem Kochen mindestens dreimal gründlich mit warmem Wasser abzuwaschen. Damit spült man zum einen den Schmutz ab, denn Hülsenfrüchte werden, genau wie Reis, in den Anbauländern oftmals auf dem Boden getrocknet. Zum anderen werden Stoffe abgewaschen, die für uns teilweise nicht so gut verträglich sind. Das siehst du am Schaum, der beim Waschen entsteht.

Die meisten Bohnensorten sowie Kichererbsen muss man etwa 1 Stunde kochen, wenn sie über Nacht eingeweicht wurden. Mit dem Schnellkochtopf lässt sich die Kochzeit auf etwa zwei Drittel der Zeit reduzieren. Ich koche immer gleich die dreifache Menge, das spart viel Zeit. Gekochte Bohnen oder Kichererbsen halten sich im Kühlschrank im Kochwasser ohne Probleme bis zu vier Tage. Wenn du beim Kochen von Bohnen gleich noch Knoblauch, Zwiebel, Sellerie, Karotten und Petersilie dazugibst, entsteht ein toller Sud, den du gleich zu Bohnensuppe weiterverarbeiten kannst.

Rote Linsen

Bei roten Linsen unterscheidet man zunächst zwischen ganzen und halbierten, denn davon hängt die Kochzeit ab. Ich bevorzuge die ganzen, denn bei diesen ist es etwas leichter, den Biss zu erhalten, den ich gerne mag. Auch bissfest gegart sind rote Linsen die zartesten aller Hülsenfrüchte, da bei dieser Linsensorte die Schale entfernt wurde. Deshalb werden sie auch so schnell gar. Die halbierten roten Linsen braucht man nur 5 Minuten zu kochen und sie dann einfach noch ein wenig im Topf nachziehen zu lassen. Die ganzen roten Linsen müssen etwa 10 Minuten kochen. Um den Biss zu erhalten, sollte man gegen Ende der Kochzeit häufiger überprüfen, ob die Linsen die richtige Konsistenz erreicht haben. Dann sofort unter kaltem Wasser abschrecken, damit die Resthitze die Linsen nicht matschig werden lässt.

Um die Farbe der Linsen zu intensivieren, kannst du einfach 1 EL Kurkuma mit in das Kochwasser geben. Du wirst staunen! Der Vorteil von Kurkuma ist, dass man geringe Mengen dieses Gewürzes nicht herausschmeckst.

Kichererbsenmehl

Das einzige Mehl aus Hülsenfrüchten, das bei uns im normalen Handel erhältlich ist, ist das Kichererbsenmehl. In mediterranen Ländern ist es traditionell sehr beliebt und wird häufig verarbeitet. Inzwischen ist es aber auch in Mitteleuropa auf dem Vormarsch, besonders als glutenfreie Alternative und gesunde pflanzliche Eiweißquelle. Egal ob süß oder deftig, als Mehlersatz oder als Bindemittel, es schmeckt eigentlich immer und ist sehr lange haltbar.

Die Verarbeitung geht einfach und schnell, wie du in einigen Rezepten in diesem Buch sehen wirst. Dieses ursprüngliche Lebensmittel überzeugt also in jeder Hinsicht. Der Eiweißanteil bei getrockneten Kichererbsen liegt im Durchschnitt bei 19 %. Es sind elf wertvolle Aminosäuren, viele Vitamine und Mineralstoffe darin enthalten. Lecker und gesund – wenn das keine perfekte Kombination ist.

Perfekter Reis

Reis zu kochen, ist eine Kunstform. Es gibt sehr viele Reissorten. Die Auswahl, die uns in Deutschland zur Verfügung steht, ist etwas beschränkt im Verhältnis zum Gesamtangebot. Reissorten, die ich als Beilage oder für Reispfannen von Herzen empfehlen kann, sind die Klassiker Basmati- und Jasminreis.

Beide sind auch als Vollkornreis in jedem Biomarkt erhältlich, in dieser Qualität haben sie wesentlich mehr Mineralien und Vitamine und schmecken lecker nussig. Vollkornreis musst du allerdings länger und etwas anders kochen. Reis sollte vor dem Kochen immer gründlich und vorsichtig gewaschen werden. Dazu einfach den Reis in einem Messbecher oder einer Tasse abmessen und in einen Topf geben. Den Topf mit kaltem Wasser füllen und den Reis mit der Hand vorsichtig waschen, ohne die Reiskörner zu zerbrechen. Wenn das Wasser weißlich-milchig ist, vorsichtig abgießen, der Reis bleibt auf dem Topfboden. Mit frischem Wasser auffüllen und das Ganze zwei- bis viermal wiederholen, bis das Wasser relativ klar bleibt. Dabei werden Stärke und Schmutz von der Trocknung, aber auch Puder, das manchmal zugegeben wird, um das Verkleben zu verhindern, ausgewaschen. Japanische Zen-Meister und Köche waschen den Reis bis zu einer halben Stunde, bis das Wasser komplett klar bleibt. Das wird gleichzeitig als eine Bewusstseinsübung angesehen, bei der es darum geht, mit ganzer Aufmerksamkeit im Hier und Jetzt zu sein. Der Geschmack von Reis wird durch diesen Waschprozess auch etwas feiner, und das Kochverhalten verändert sich leicht, da beim Waschen auch Stärke ausgespült wird.

Wenn du den Reis gewaschen hast, musst du einfach die doppelte Menge Wasser abmessen und zum Reis in den Topf geben. Deshalb ist es auch wichtig, den Reis vor dem Waschen abzumessen. Bei der doppelten Wassermenge bekommst du einen relativ lockeren und luftigen Reis, und wenn er richtig zubereitet ist, bleibt auch kein Tropfen Wasser im Topf übrig. Wenn du den Topf in ein Handtuch einwickelst, kannst du den so perfekt gekochten Reis locker ein bis zwei Stunden warmhalten, ohne dass er die Qualität verliert. Wenn du etwas klebrigeren Reis haben möchtest, solltest du die 2,25-fache Wassermenge im Verhältnis zum Reis verwenden. In asiatischen Ländern wird Reis traditionell nicht gesalzen und dient dann als milder Ausgleich zu einem gut gewürzten Gericht.

Den Topf mit Wasser und gewaschenem Reis auf den Herd stellen und etwa 2 Minuten aufkochen lassen. Dann die Temperatur herunterdrehen und den Deckel auflegen. Den Reis 10 Minuten bei niedriger Temperatur köcheln lassen, ohne den Deckel zu öffnen. Dann den Herd abstellen und den Reis weitere 10 Minuten bei geschlossenem Deckel ziehen lassen. Jetzt hat der Reis das gesamte Wasser aufgesaugt und ist ein wahrer Gaumenschmaus. Wenn du Duftreis kochen möchtest, gibst du zum Beispiel zwei bis drei Kardamamomkapseln, zwei Lorbeerblätter und nach Belieben fünf bis sechs gemahlene Safranfäden dazu. In diesem Fall solltest du das Ganze nach dem Aufkochen noch einmal gut umrühren, damit sich alles gut verteilt. Für einen mediterranen Beilagenreis je 1 EL gehackte Kräuter wie Rosmarin, Thymian, Zitronenthymian und Oregano dazugeben. Eine fein gewürfelte Zwiebel und etwas Knoblauch mitgekocht, geben auch einen guten Geschmack. Vor dem Servieren dann einfach ein wenig frische Zitronenschale über den Reis reiben und frisches Olivenöl darüberträufeln.

Nudeln

Gerade die vermeintlich einfachen Gerichte haben oft wesentlich mehr Tiefe als man denkt. Für eine perfekte Pasta muss man ein paar Dinge beachten. Hast du diese einmal verinnerlicht, wirst du für die einfachsten Nudelgerichte Komplimente bekommen.

Wassermenge: Du solltest pro 100 g Nudeln mindestens 1–2 l Kochwasser verwenden, denn sonst kann das Wasser nicht genügend Stärke aufnehmen.

Salzgehalt: 10 g Meersalz auf 1 l Kochwasser ist immer zu empfehlen. Was der Nudel durch zu wenig Salz im Wasser an Geschmack fehlt, kann man später auch nicht mehr hinzugeben.

Pastaqualität: Gute Pasta hat ihren Preis. Wie grundsätzlich bei jedem Lebensmittel sollte auch hier nicht gespart werden. Es lohnt sich, auch einmal Dinkelpasta aus dem Biomarkt zu probieren.

Sauce: In jede gute Pastasauce gehört auch das Nudelkochwasser. Die Stärke im Nudelwasser sorgt dafür, dass jede Sauce eine geschmeidige Konsistenz bekommt und besser an der Nudel haftet. Am besten nach drei Vierteln der Nudelkochzeit eine Kelle Kochwasser zur Nudelsauce geben und einkochen lassen. Die Nudeln abschrecken und die Sauce getrennt servieren? Beides sollte man nach Möglichkeit unterlassen. Am besten gibt man die noch heißen, sehr bissfesten Nudeln frisch aus dem Kochwasser in die Pfanne zur Sauce, lässt alles kurz ziehen und schwenkt es dann noch mal durch. Zum Schluss alles mit etwas Olivenöl beträufeln und sofort servieren.

Öl im Nudelwasser bewirkt nur, dass das Nudelwasser beim Kochen nicht so schnell übergeht, hat aber keinen Einfluss auf die Nudel selber. Meiner Meinung nach ist das allerdings Verschwendung des guten Öls.

Dinkel

In diesem Kochbuch ersetzt immer wieder der Dinkel den Weizen. Warum ist das so? Weizen ist wohl eines der am stärksten überzüchteten Lebensmittel, die es gibt. Weizenunverträglichkeiten oder -allergien nehmen ständig zu und das könnte meiner Meinung nach durchaus an einem gewissen Überkonsum liegen. Wie Paracelsus schon sagte: »Die Menge macht das Gift.« Heutzutage werden die meisten Backwaren aus Weizen hergestellt – Weizen, der oftmals in riesigen Monokulturen angebaut wird und nur mithilfe der Chemiekeule bis zur Ernte durchgebracht werden kann. Menschen mit Weizenunverträglichkeit kommen mit Dinkel oftmals sehr gut klar.

Dinkel ist reich an wertvollem pflanzlichem Eiweiß und in Bezug auf Vitamine und Mineralstoffe bei den Getreidesorten ganz vorne dabei. In meinen Augen ist Dinkel nicht nur ein gesünderer Ersatz für Weizen, sondern schlägt ihn auch in Sachen Geschmack und Kraft bei Weitem. Am besten einfach einmal ausprobieren, Weizenmehl kann in jeder Verwendung 1:1 durch Dinkelmehl ersetzt werden. Bio-Dinkelprodukte wie Nudeln, Brot, Baguette, Kochdinkel oder Mehl sind zwar einen Tick teurer, sind diesen Mehrpreis in meinen Augen aber auf jeden Fall wert. Meine selbstgemachte Dinkelpasta ist sehr beliebt, und 99 % der Esser merken nicht einmal, dass sie keinen Weizen enthält. Das Rezept gibt es aber erst im nächsten Kochbuch.

Quinoa

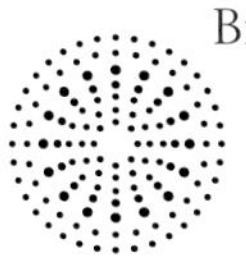

Quinoa, auch als Reismelde, Inkakorn oder Inkareis geläufig, ist bei uns eigentlich nur im Biomarkt oder im Reformhaus erhältlich. Es handelt sich dabei um eine sehr alte Nahrungspflanze, die, wie die Alternativnamen schon andeuten, bereits von den Inkas kultiviert wurde. Obwohl man eigentlich viel mehr von der Pflanze verwenden und essen kann, wird bei uns ausschließlich der Samen verkauft. Quinoa enthält mehr Eiweiß als unsere einheimischen Getreidesorten und kann wie Reis verwendet werden. Die gekochten Samen lassen sich sowohl süß als auch salzig verarbeiten und knacksen leicht beim Daraufbeißen. Ich mische Quinoa sehr gerne im Verhältnis 1:1 mit Reis. Das ist eine großartige Mischung und erleichtert anfangs die Gewöhnung an den wirklich leckeren, aber eher ungewohnten Geschmack von Quinoa.

Nüsse, Kerne und Samen

Diese kleinen Energiepakete baue ich täglich in meinen Speiseplan ein, denn sie sind nicht nur gesund, sondern können durch Textur und Geschmack auch jedem Essen das gewisse Extra verpassen. So ziemlich alle Nüsse, Samen und Kerne sind reich an Vitaminen, Mineralstoffen, ungesättigten Fettsäuren und pflanzlichen Ölen. Angerösteter Sesam, Sonnenblumenkerne, Kürbiskerne, Leinsamen, Mandelsplitter, Cashewkerne oder Macadamianüsse sind lecker und obendrein etwas fürs Auge. Oftmals fehlt nur eine winzige Nuance, um aus einem guten Essen ein unvergessliches zu machen. Nüsse und Samen sind eines dieser kleinen Rädchen, an denen man zu diesem Zweck drehen kann, und zwar auf unterschiedlichste Weise. Außer in ihrer ursprünglichen Form eignen sich Nüsse als Muse für eine ausgewogene Ernährung einfach wunderbar. Cashewmus, Mandelmus oder Sesampaste (Tahin) aus dem Bioladen sind zwar nicht gerade günstig, die Investition lohnt sich geschmacklich und gesundheitlich aber allemal.

In meinen Kochkursen höre ich das Preisargument durchaus häufig. Deshalb hier ein kleines Beispiel zu diesem Thema: Für eine Cremesuppe mit Sahne benötigt man etwa 200 ml Sahne. Im Bioladen kostet die Sahne rund 1,40 Euro. Ersetze ich sie durch weißes Mandelmus, benötige ich davon 2 EL. 250 ml weißes Mandelmus kosten um die 7 Euro. 2 EL Mandelmus entsprechen etwa 50 g, das Glas beinhaltet also verglichen mit der Sahne bei diesem Rezept die fünffache Menge. Preislich gibt es also keinen Unterschied, denn 250 g = 5 x 50 g = 5 x 2 EL = 5 x 1,40 Euro. Mandelmus bleibt darüber hinaus im Kühlschrank deutlich länger frisch als Sahne und schmeckt mit Marmelade einfach wunderbar auf dem Frühstücksbrot.

Tofu

Dieses Thema liegt mir besonders am Herzen. Tofu ist ein tolles Naturprodukt, das in Maßen genossen einen tollen Beitrag zu unserer Ernährung leisten kann.

Warum nur in Maßen? Um nochmals Paracelsus zu bemühen, macht die Menge das Gift, und so sollte jeder für sich selbst, nach dem eigenen Körpergefühl, entscheiden, wie häufig er bestimmte Lebensmittel zu sich nehmen möchte, um sich bestmöglich zu fühlen. Diese Faustregel gilt in meinen Augen für alle Lebensmittel außer Gemüse.

Was ist Tofu? Aus Sojabohnen wird Sojamilch hergestellt. Diese wiederum wird mit einem natürlichen Gerinnungsmittel angesetzt. Hier gibt es allerdings große Unterschiede. Es gibt Tofu, der nach der originalen japanischen Tradition mit Nigari angesetzt wird, einem aus Meerwasser gewonnenen Gerinnungsmittel, das bei der Tofuproduktion wieder ausgewaschen wird. Das ist die teurere und, wie ich finde, geschmacklich feinere und hochwertigere Variante. Dann gibt es Tofu, der mit Kalziumsulfat angesetzt wird. Hierbei handelt es sich um ein Gerinnungsmittel, das bei der Produktion oftmals nicht ganz ausgewaschen wird.

Dann geschieht das Gleiche wie bei der Käseproduktion. Die Eiweißbestandteile flocken durch das jeweilige Gerinnungsmittel aus, werden abgesiebt und gepresst. Durch Zugabe von Kräutern oder Gewürzen kann der Tofu geschmacklich angereichert werden. Mein Lieblingstofu, der Räuchertofu, wird nach dem Pressen im Räucherofen mit den Räucherspänen feinster Hölzer zur würzig-deftigen Delikatesse geräuchert. Aber auch hier gibt es »falschen« geräucherten Tofu, der nur in einer Flüssigkeit mit Rauchgeschmack mariniert wird. Wieder ein geschmacklicher Unterschied.

Bei uns in Europa hat Tofu nach wie vor keinen besonders guten Ruf, wie ich immer wieder feststellen muss. Das hat verschiedene Gründe. Zum einen sind wir einfach nicht an seinen Geschmack und seine Konsistenz gewöhnt, weil wir nicht, wie viele Asiaten, damit aufgewachsen sind und entsprechend in Sachen Geschmackskonditionierung nichts Angenehmes damit verknüpfen. Zum anderen wissen viele Menschen einfach noch nicht, wie man Tofu wirklich schmackhaft zubereitet, denn technisch gesehen kann man dieses Lebensmittel – genau so gut wie jedes andere – ungenießbar machen. Wenn ich vor fünf Jahren in meinen Kochkursen nachgefragt habe, wer den Geschmack von Ingwer mag, haben sich maximal 50 % der Kursteilnehmer gemeldet. Wenn ich heute exakt die gleiche Frage stelle, melden sich im Schnitt etwa 80 %. Genauso verhält es sich mit dem Koriandergrün. Vor fünf Jahren waren es nur knapp 25 %, heute sind es um die 70 %. Geschmack ist erlernbar, und je häufiger wir neuen Lebensmitteln eine Chance geben, desto mehr emotionale Verknüpfungen entstehen.

Qualität und Auswahl der Sorte sind beim Tofu sehr wichtig. Für einen Japaner ist Tofu nicht gleich Tofu, denn es gibt diverse Sorten mit unterschiedlichem Wassergehalt. So kann man zum Beispiel aus Räuchertofu leckere, knusprige Würfel braten oder aus Seidentofu, der einen sehr hohen Wassergehalt und eine puddingartige Konsistenz hat, die tollsten Nachspeisen zubereiten. Einige der Tofusorten, die man in Deutschland kaufen kann, sind auch meines Erachtens nach wirklich keine Gaumenfreude, und so kann ich Menschen durchaus verstehen, denen nach der ersten unangenehmen Erfahrung mit solchen Produkten die Lust daran vergangen ist. Umso eindringlicher möchte ich hier dazu motivieren, dem Tofu eine weitere Chance zu geben. Denn es gibt gerade im Biobereich unglaublich gute Tofuprodukte, die jede Küche bereichern. Das liegt auch daran, dass sich viele der alteingesessenen Biofirmen schon seit vielen Jahren auf die Herstellung verschiedenster Tofuprodukte spezialisiert haben. Diese umfangreiche Erfahrung schmeckt man einfach. Allerdings bekommt man diese hervorragenden Produkte meist nur im Bioladen oder Reformhaus.

Für mich ist es immer wieder ein Erlebnis, wenn ich für Freunde oder Familie mein Lieblingsräuchertofu zubereite und sehe, was für ein geschmackliches Aha-Erlebnis es bei vielen auslöst. Trau dich und probiere einfach ein paar verschiedene Produkte durch, bis du die richtigen gefunden hast!

Der andere, mindestens genauso wichtige Aspekt neben Qualität und Sorte ist die technische Verarbeitung von Tofu. Versucht man, eine Scheibe schlecht gewürzten und lieblos zubereiteten Tofu als Fleischersatzprodukt zu verwenden, wird daran niemand Freude haben. Tofu braucht gute und intensive Gewürze, wie zum Beispiel meine Currypasten, er braucht Röstaromen, zum Beispiel durch das Frittieren von Tofuwürfeln. In diesem Buch finden sich einige Rezepte, die demonstrieren, wie man Tofu ganz köstlich zubereiten kann.

Momentan ist es noch so, dass für die Tofuherstellung in Deutschland ein Großteil der Sojabohnen aus dem Ausland importiert werden muss. Der Trend hin zum heimischen oder wenigstens europäischen Sojaanbau zeichnet sich aber schon ganz klar ab, sodass sich der Markt auch in diesem Bereich in Richtung Regionalität verändert. Mein Lieblingstofu zum Beispiel wird in der ältesten Tofurei in Deutschland hergestellt. Diese Firma (www.svadesha.de) kann ich nur allerwärmstens weiterempfehlen. Als ich den Tofu von dort zum ersten Mal probiert habe, ist mir der große Unterschied zu vielen handelsüblichen Tofuprodukten in Geschmack und Textur sofort aufgefallen. Ganz besonders erfreulich ist natürlich, dass Svadesha seit Kurzem Bio-Sojabohnen aus Österreich bezieht. Ich persönlich mag den Räuchertofu am liebsten. Man erhält ihn und die anderen empfehlenswerten Svadesha-Produkte in vielen ausgewählten Biomärkten oder direkt über den Onlineshop der Firma.

Sojagranulat oder texturiertes Sojaeiweiß (TS)

Meinem Eindruck nach ist Sojagranulat in unseren Breiten noch weitgehend unbekannt – und das, obwohl man mit diesem Produkt geradezu zaubern kann.

Texturiertes Soja kauft man am besten im Bioladen. Es ist als Granulat (für Hack-ohne-Fleisch-Gerichte), als Streifen (für Geschnetzeltes), als Würfel (für Gulasch) oder als Big-Steak (für Rouladen, Grill-»Fleisch« usw.) erhältlich. Entwickelt wurde das texturierte Sojaeiweiß ursprünglich als günstige Alternative zum Fleisch. In Tschechien gibt es TS schon wesentlich länger als bei uns, dort ist es seit vielen Jahren in normalen Supermärkten erhältlich. Es wird aus entfettetem Sojamehl hergestellt, einem Nebenprodukt der Sojaölproduktion, hat einen hohen Eiweißgehalt und kaum Fett. Somit ist es in Reinform geschmacklich ebenfalls sehr neutral, sodass es – wie beim Tofu – am Koch liegt, ein leckeres Essen daraus zu machen.

Das Tolle an diesem Lebensmittel ist, dass es fast unbegrenzt haltbar ist und sehr schnell zubereitet werden kann. Dazu kocht man beispielsweise die Sojawürfel in einem sehr kräftigen Sud aus Bio-Körnerbrühe, Pfeffer, Räuchersalz oder geräucherten Paprikaflocken, Chili, Zucker und Paprikapulver auf und lässt sie dann zehn Minuten ziehen. Je nach Produkt muss man die Brühe nur aufkochen oder kurz köcheln lassen (siehe Packungsanweisung). Danach werden die Würfel in einem Sieb leicht ausgedrückt und weiterverarbeitet. Auch bei der Zubereitung dieser Sojaerzeugnisse sind Röstaromen ausgesprochen wichtig, daher brate ich das TS nach dem Ausdrücken in einer Pfanne kurz und scharf in etwas Bratöl mit je einer Prise Pfeffer, Paprikapulver und Zucker an, bevor ich es weiterverarbeite. Texturiertes Sojaeiweiß eignet sich super, um damit Chili, Bolognese, Gulasch oder Geschnetzeltes zu machen. Sogar einige passioniert fleischessende Freunde sind mir damit schon auf dem Leim gegangen. Sie haben oft gar nicht bemerkt, dass das Fleisch im Chili oder in der Lasagne fehlte, bis ich es ihnen gesagt habe.

Käse und Lab

Viele Menschen, die sich vegetarisch ernähren möchten, sind sich nicht im Klaren darüber, dass Käse nicht immer und zweifelsfrei vegetarisch ist. Zur Herstellung der meisten Käsesorten wird tierisches Lab verwendet, eine Substanz, die aus den Mägen geschlachteter Kälber gewonnen wird. Es gibt allerdings immer mehr Hersteller, die mikrobielles Lab zur Herstellung von Käse verwenden. Eine gute Käsetheke zeichnet sich meiner Meinung nach auch dadurch aus, dass bei jedem Produkt alle Inhaltsstoffe angegeben sind. Bei meinem Lieblings-Biomarkt zum Beispiel kann ich bei jeder einzelnen Käsesorte nachsehen, ob auch wirklich kein tierisches Lab verwendet wurde.

In den Rezepten für dieses Buch verwende ich nur Käsesorten, die relativ mühelos auch in der mikrobakteriellen Variante zu bekommen sind. Das gilt vor allem für Weichkäse und halbfeste Käsesorten. Beim Hartkäse wird es etwas schwieriger. Parmesankäse oder Grana Padano zum Beispiel werden grundsätzlich immer unter Verwendung von Kälberlab hergestellt. Eine tolle Alternative dazu ist der Montello. Das ist ein klassischer italienischer Hartkäse aus der Nähe von Vicenza in Norditalien, der 9 Monate reift und in den meisten Biomärkten zu finden ist. Pecorino wird ebenfalls sehr oft mit Kälberlab hergestellt, es gibt aber immer mehr Ausnahmen, wie zum Beispiel den *Pecorino semi stagionato*.

Insgesamt gibt es eine große Auswahl an tollen und würzigen vegetarischen Käsesorten. Für die Käsnocken in diesem Buch verwende ich beispielsweise einen Allgäuer Greyerzer, aber auch einige andere Bergkäsesorten kommen ganz ohne tierisches Lab aus, ohne geschmacklich darunter zu leiden.

Also Augen auf beim Käsekauf! Man sollte insgesamt auch nicht vergessen, dass natürlich auch die Kühe, deren Milch zur Käseherstellung verwendet wird, irgendwann geschlachtet werden.

Gewürze und Öle

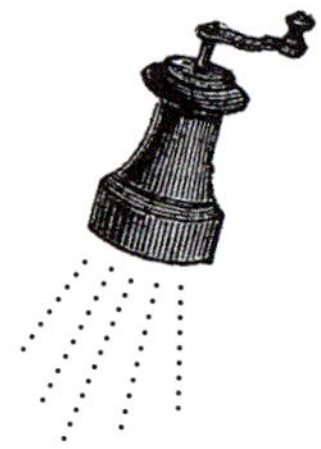

würzen, würzen, würzen

Das Thema »Würzen und Gewürze« ist ein geradezu unerschöpfliches. Es ist auch das Thema beim Kochen, das die Menschen am meisten verunsichert. Eigentlich ist es aber ganz einfach und keine Hexerei, sinn- und wirkungsvoll mit Gewürzen umzugehen, wenn man nur ein paar kleine Regeln beachtet. Meine fünf wichtigsten Gewürzregeln möchte ich im Folgenden gerne erklären.

1

Qualität und natürliche Rohstoffe

Es gibt immer noch viel zu viele sogenannte Gewürzmischungen, die einen großen Prozentsatz an Zusatzstoffen und Geschmacksverstärkern enthalten. Damit ist es meiner Meinung nach nicht möglich, ein gutes und harmonisches Essen zu kochen, das schmeckt und gleichzeitig noch Kraft gibt. Auch – und gerade – bei Gewürzen empfehle ich Bioware, denn Gewürze sind genau wie Kräuter wesentlich mehr als nur Geschmackslieferanten. Gewürze haben alle möglichen positiven Eigenschaften, von der Stärkung des Immunsystems über antibakterielle Wirkung bis hin zu blutreinigenden Eigenschaften. Diese Wundermittel ermöglichen uns also, uns geradezu fit zu essen.

Genauso wichtig wie die Herkunft ist auch die Frische! Ich halte häufig Kochkurse zu Hause bei meinen Kunden ab und stoße dabei im Schrank immer wieder auf sehr, sehr alte Gewürze. Am schlimmsten ist gemahlener schwarzer oder weißer Pfeffer der Marke Uralt. Das älteste Päckchen, das ich gefunden habe, war 1972 abgelaufen. Dass das Essen damit nicht mehr ganz so aromatisch gelingt, wird wohl niemanden überraschen.

2

Einzelgewürze verwenden!

Es ist zwar am Anfang leichter, fertige Gewürzmischungen (ohne Geschmacksverstärker) zu verwenden, den spielerisch-kreativen Umgang mit Gewürzen und ihren punktgenauen Einsatz erlernt man dabei aber nie wirklich. Vielleicht schmeckt alles mischgewürzte immer lecker, auf jeden Fall schmeckt es aber immer gleich, und das nimmt einfach die Spannung aus dem Spiel. Curry ist dafür ein gutes Beispiel. Eine Gewürzmischung, die aus mindestens sieben verschiedenen Gewürzen besteht, von der es aber unzählbare Variationen gibt, kann sehr leicht selbst kreiert werden. Wie so eine Mischung aussehen könnte, siehst du auf den Seiten 54–55.

In den Gerichten hier im Buch werden bis auf das Curry ausschließlich Einzelgewürze verwendet. Du wirst sehen, dass du das Prinzip, diese Einzelgewürze richtig einzusetzen, sehr schnell verinnerlicht haben wirst.

3

Intuitive Verwendung!

Vertraue auf dein Bauchgefühl, wenn du etwas kochst. Intuitiv weißt du bereits alles, was du über das Würzen wissen musst. Stelle beim Kochen einfach alle Einzelgewürze, die du hast, neben den Herd, schau sie dir an und rieche daran. Verwende die Gewürze, bei denen du ein gutes Gefühl in Bezug auf dein Essen bekommst. Versuche am Anfang, nicht mehr als drei Einzelgewürze plus Salz, Pfeffer und Zucker zu verwenden. Bald ist die »Geschmacksdatenbank« gefüllt und Würzen wird zum kreativen Vergnügen!

4

Aufbewahrung und Körnung!

Gewürze verlieren enorm schnell an Geschmack und Inhaltsstoffen, wenn sie Sonnenlicht und UV-Strahlung ausgesetzt sind. Deshalb die Gewürze immer dunkel und trocken lagern. Es ist allerdings wenig sinnvoll, Gewürze in einen Schrank zu stellen und mit jedem weiteren Gewürz die anderen nach hinten zu schieben. Die Erfahrung zeigt, dass man dann sowieso nur die Auswahl der ersten zwei Reihen wirklich in Anspruch nimmt. Ich empfehle deshalb immer, die Gewürze in kleine Schraubgläser oder Metalldosen zu füllen und diese dann in einer Schublade in der Nähe des Herdes aufzubewahren. Du ziehst die Schublade auf, siehst auf einen Blick, was da ist, und fängst intuitiv an, die passenden Gewürze auszuwählen.

Auch die Körnung ist ein wichtiger Aspekt. Gewürze, die im Ganzen und nicht gemahlen im Haus sind, bleiben länger frisch. Frisch gemahlen mit dem Mörser oder der Mühle entwickeln sich die ätherischen Öle und Geschmacksstoffe dann sehr intensiv.

Für schwarzen Pfeffer und grobes Meer- oder Steinsalz habe ich beim Kochen jeweils eine extra Mühle.

5

Die »Fünfer-Regel«

Diese Regel hilft dabei, ein harmonisches Gleichgewicht in ein Essen zu bekommen. Jedes Essen ist erst dann wirklich ausgewogen, wenn alle fünf Geschmacksrichtungen darin enthalten sind. Wenn du also beim Abschmecken denkst, dass irgendetwas fehlt, dann geh mal die »Fünfer-Regel« durch. Meist fehlt etwas Süße, Säure oder Schärfe.

Süß: Jedes Essen benötigt eine gewisse Süße, die durch Zucker, Honig, Agavendicksaft, oder auch durch die Fruchtsüße von mitgekochtem Obst hineinkommt. Ich spreche hier nicht von löffelweiser Verwendung. Meist gebe ich nur anfangs eine Prise Zucker mit in die Pfanne, damit dieser leicht karamellisiert. Das gibt auch gleich noch eine gute Basis für die Röstaromen.

Sauer: Säure ist ebenso wichtig wie Süße. Oft, wenn ich denke, dass geschmacklich noch etwas fehlt, damit es »Bääām!« macht, kommt etwas Essig oder Zitronensaft ins Spiel. Ein paar Tropfen reichen meist aus, um die Harmonie herzustellen.

Bitter: Der Geschmacksaspekt »bitter« ist durch frische Kräuter, Gewürze und auch viele Gemüsesorten normalerweise schon von allein erfüllt.

Scharf: Schärfe spielt eine wichtige Rolle bei einem perfekten Essen. Die Menge ist entscheidend, denn ein kleiner Hauch von Schärfe reicht völlig aus, um Harmonie herzustellen. Eine gute Prise Pfeffer oder Cayennepfeffer oder frische Chilis liefern das nötige Feuer.

Salzig: Kein Essen schmeckt ohne Salz. Aber salzig ist nicht gleich salzig. Es besteht ein riesiger Unterschied zwischen einem guten natürlichen/unbehandelten Salz und einem raffinierten und chemisch bearbeiteten Salz. Natürliche Salze wie Meersalz, Steinsalz, Ursalz oder Himalayasalz sind unglaublich reich an Mineralien, Spurenelementen und noch unerforschten Inhaltsstoffen. Einfaches und billiges raffiniertes Speisesalz ist ein meist chemisch verändertes Produkt, das nur noch wenige Inhaltsstoffe vom ursprünglichen Naturprodukt beinhaltet. Der Geschmack vom Naturprodukt Salz ist nicht so aggressiv und geschmackvoller als der des raffinierten, von anderen positiven Eigenschaften ganz zu schweigen.

1)
2)
3)
4)
5)

1) schwarzer Pfeffer
2) weißer Balsamico
3) rosa Pfeffer
4) Honig
5) Muskatblüte
6) gemahlene Vanille
7) Bratöl
8) Olivenöl
9) Curry
10) natürliches Salz

Das Erhitzen von Speiseölen

Die richtigen Öle, zur passenden Zeit eingesetzt, können sich entscheidend auf die Qualität eines Gerichts auswirken. Die Temperatur ist dabei ein ganz entscheidender Faktor. Gefiltertes Olivenöl und Rapsöl zum Beispiel sollten nur auf maximal 180–190 °C erhitzt werden. Das Wichtige hierbei ist, erst die Pfanne zu erhitzen und dann das Öl hineinzugeben.

Doch wann hat das Öl die richtige Temperatur zum Anbraten? Ein uralter Trick ist, einen Zahnstocher oder einen Holzkochlöffel in das heiße Fett zu halten. Wenn sich daran Bläschen bilden, ist das Öl heiß genug, um zu verhindern, dass zu viel Flüssigkeit aus dem Gargut austritt. Einerseits muss das Öl heiß genug sein, andererseits gilt es aber auch, den sogenannten Rauchpunkt zu vermeiden. Das ist der Hitzepunkt, an dem das Öl und die Schwebestoffe darin zu verbrennen beginnen und sich erste Giftstoffe bilden. Sollte das einmal passieren, das heiße Öl einfach in der Pfanne abkühlen lassen, dann mit einem Küchentuch aufnehmen und im Müll entsorgen.

Pflanzliche Fette sind nicht nur wichtige Vitamin-, sondern auch Geschmacksträger. Mit etwas Fett schmeckt alles einfach besser. Auf jeden Fall gilt aber die goldene Regel: »Weniger ist mehr.«

Welches Fett verwendet man zum Kochen? Hochwertige und kaltgepresste Pflanzenöle sollte man nicht zum Anbraten und bei hohen Temperaturen verwenden. Das ist nicht nur ungesund, sondern auch sehr teuer und Verschwendung. Für jeden Verwendungszweck gibt es das passende Öl, das oft gar nicht so hoch erhitzt werden muss, wie es früher immer gelehrt wurde. Zum maßvollen Anrösten oder Anbraten eignen sich grundsätzlich alle nicht raffinierten, aber gefilterten Pflanzenöle.

Hochwertige Pflanzenöle wie Kernöle, Öle aus Kaltpressung und ungefilterte native Öle sollten wirklich nur zur Veredelung von schon fertigen Gerichten oder Rohkostgerichten verwendet werden.

Für die Rezepte in diesem Buch verwende ich diese drei Ölsorten zum Anbraten:

Bio-Bratöl: Das ist Sonnenblumenöl einer bestimmten hitzestabilen Sonnenblumensorte, das speziell gefiltert wird. Somit enthält es fast keine Schwebestoffe mehr, die verbrennen könnten, und hat einen milden, fast buttrigen Geschmack. Dieses Öl eignet sich auch sehr gut zum Frittieren.

Bio-Olivenöl: In diesem klaren, gefilterten Olivenöl aus dem mittleren Preisbereich kann man bei mittleren Temperaturen wunderbar Gemüse oder Tofu anbraten, es aber auch für Salate und Rohkostgerichte verwenden.

Bio-Sesamöl: Bei manchen Rezepten verwende ich natürliches Sesamöl oder angeröstetes Sesamöl. Das natürliche Sesamöl ist sehr mild im Geschmack, das angeröstete sehr intensiv, und man sollte dezent damit arbeiten. Richtig eingesetzt, bringt es ein wundervolles Aroma ins Essen. Beide Öle können problemlos bis etwa 180 °C erhitzt werden.

Die geheimnisvolle Prise und andere Mengenangaben

Wie die Praxis immer wieder zeigt, ist kein Koch wie der andere. Die einen brauchen viel Freiraum bei den Rezepten und der kreativen Gestaltung des Essens, die anderen möchten Mengen- und Maßangaben, die ganz exakt nachzuvollziehen sind. Wenn ich vom Abschmecken und von einer Prise spreche, bewahre ich bewusst erwähnten kreativen Spielraum, da kein Gaumen wie der andere funktioniert. »Wie viel ist denn eine Prise?«, werde ich oft gefragt. Nach der klassischen Definition ist eine Prise die Menge, die zwischen zwei bis drei Fingerspitzen passt und weniger als eine Messerspitze ist. Genau so verwende ich diese Maßeinheit auch tatsächlich. Wenn ich schreibe, dass ein bestimmtes Gericht zum Beispiel mit Salz, Curry und Pfeffer abgeschmeckt werden soll, meine ich, dass das Essen nach den eigenen Geschmacksvorstellungen und zur eigenen Zufriedenheit mit diesen drei Gewürzen abgestimmt werden soll. Dabei geht man am besten behutsam vor und tastet sich an das nach eigenem Geschmack perfekte Ergebnis heran. Geschmack ist von der Tagesform abhängig, jede Zutat schmeckt je nach Herkunft, Saison und Reife anders. Aber gerade darin liegt eine unglaubliche Spannung und Kreativität. So funktioniert Kochen! Erlaubt ist alles, was dir schmeckt, und alle Gerichte hier im Buch sollen deine eigene Kreativität am Herd ansporonen und beflügeln.

Am Ende noch ein wichtiger Hinweis zu den Zeitangaben: Die Zubereitungszeiten bei den Rezepten sind darauf auslegt, dass man das Rezept schon 1–2 Mal gekocht hat. Wenn du ein Rezept also das erste Mal zubereitest, plane am besten weitere 10–20 Minuten ein.

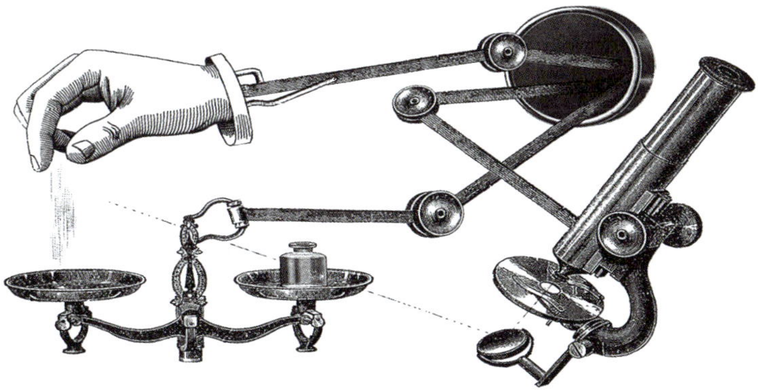

Zucker und Karamellisieren

Mit dem Zucker verhält es sich ganz ähnlich wie mit dem Salz. Es gibt unbehandelte und natürliche Produkte, die ihre von Natur aus vorhandenen positiven Mineralstoffe noch besitzen, und es gibt klassisch raffinierte, also chemisch und mechanisch behandelte Zuckersorten, die einfach nur noch süß sind.

Klassisch raffinierter Zucker wird meist aus Zuckerrüben hergestellt. Bio-Rohrohrzucker, wie ich ihn für die Gerichte in diesem Kochbuch empfehle, besteht aus Zuckerrohr und ist im Normalfall eben nicht raffiniert. Auch aus geschmacklichen Gründen ist dieses viel natürlichere Produkt immer vorzuziehen. »Brauner Zucker« ist übrigens nicht zwangsläufig gehaltvoller und natürlicher als der weiße. Oft handelt es sich bei billigen braunen Zuckern um ganz normalen, raffinierten Zucker, der nachträglich eingefärbt wurde. Ein netter Verkaufstrick!

Für die Gerichte in diesem Buch verwende ich sehr oft Zucker oder Honig in kleinen Mengen. Denn ein wenig Süße reicht oft aus, um die angestrebte Geschmacksausgewogenheit herzustellen. Welches Süßungsmittel verwendet wird, ist natürlich immer Geschmacks- und Überzeugungssache. Auch Reissirup, Bio-Agavendicksaft oder Ahornsirup verwende ich gerne, aber immer mit Bedacht und eher sparsam.

In einigen Rezepten wird karamellisiert. Karamell ist im Prinzip kontrolliert verbrannter Zucker, der wundervolle Geschmacksnuancen in ein Essen zaubern kann. Ein gelungener Karamell soll schön goldgelb sein. Er darf auf keinen Fall zu dunkel werden, sonst kippt der Geschmack, er wird bitter und gleichzeitig entstehen giftige Inhaltsstoffe, die wir natürlich vermeiden wollen.

Basisrezept Gemüsebrühe

Eine frische Gemüsebrühe ist Gold wert und wird in diesem Buch bei vielen Rezepten als Geschmackspender oder Basis verwendet. Natürlich kann man nicht vor jedem Essen eine frische Brühe kochen oder, wie in der guten Gastronomie, immer einen Topf mit frischem Fond auf dem Herd stehen haben.

Es gibt allerdings ein paar Tricks, wie man auch ohne diese Vorbereitungen stets mit dem wundervollen Geschmacksgeber arbeiten kann. Ich koche regelmäßig einen großen Zehn-Liter-Topf einer sehr kräftigen Gemüsebrühe, lasse sie abkühlen und fülle sie dann in unterschiedlich große Behälter. Die kleinste Einheit sind Eiswürfeltüten, die größte Ein-Liter-Behälter. Diese kommen einfach in den Tiefkühler, und immer wenn ich frische Brühe brauche, nehme ich mir etwas aus dem Tiefkühlfach. Für die meisten Gerichte reichen schon vier bis fünf Eiswürfel. Das geht schnell und wirkt geschmacklich wahre Wunder.

Hier kommt das Basisrezept für etwa 5 l vegane Zauberbrühe:

2 rote Zwiebeln mit Schale, gewaschen
3 Karotten, geschält oder gewaschen
1 große Petersilienwurzel, gewaschen
500 g Knollensellerie, gut abgebürstet
1 Tomate
1 kleiner Fenchel, gewaschen und vom Strunk befreit
1 rote oder gelbe Paprikaschote
1 große Zucchini, gewaschen
1 kleine Lauchstange, gewaschen
100 g Champignons, geputzt
2 Knoblauchzehen, geschält
2 Lorbeerblätter
1 TL Piment oder Stangenpfeffer*
5 Wacholderbeeren*

* mit dem Messer leicht anquetschen

Die Zwiebeln mit der Schale halbieren. Karotten, Petersilienwurzel, Sellerie, Tomate, Fenchel, Paprikaschote und Zucchini in grobe Stücke schneiden. Den Lauch in Ringe schneiden. Einen großen Topf erhitzen. Die Zwiebel mit der Schnittfläche nach unten in den Topf geben, die Karotten- und die Selleriewürfel hinzufügen und alles anrösten, bis sich etwas dunkelbrauner Röstsatz bildet. Mit 5 l kaltem Wasser aufgießen und den Röstsatz mit dem Löffel vom Boden lösen. Das restliche Gemüse und die Gewürze dazugeben und das Ganze einmal kurz aufkochen. Die Mischung auf niedriger Temperatur etwa 2 Stunden simmern lassen. Die Brühe durch ein feines Sieb abgießen und abkühlen lassen. Dann portionsweise einfrieren oder in sterilen Flaschen für 3–4 Tage im Kühlschrank aufbewahren.

Tipp: Für eine köstlich exotische Suppe das Gemüse bis auf die Zwiebel, 400 ml Brühe, eine geschälte Banane und 400 ml Kokosmilch in einen Topf geben. Alles kurz aufkochen und mit einem Stabmixer pürieren. Mit Muskat, Salz, Chilipuver, Pfeffer, Zimt, 2 EL Limettensaft und einer Prise Zucker abschmecken. In einer Pfanne in Kokosöl ein paar Brotwürfel anrösten und mit etwas Zimt und Salz würzen. Ein Zweig Rosmarin und vier Zweige Thymian verleihen der Suppe einen wundervollen mediterranen Touch.

Tipp: Als Notfallalternative kannst du Bio-Instantbrühe ohne Zusatzstoffe verwenden. Es gibt einige Marken, die völlig in Ordnung sind, auch wenn diese geschmacklich nie an eine frische Brühe herankommen werden. Für das Kochen mit texturiertem Sojaeiweiß ist die Bio-Körnerbrühe unverzichtbar. Konventionelle Brühwürfel oder Pulver, die zum Großteil aus Geschmacksverstärkern bestehen, sollte man vermeiden.

Dunkle Bratensaucen ohne Braten

Dunkle, kräftige und würzige Saucen können problemlos ohne Fleisch und Knochen hergestellt werden. Das ist einfacher, als man denkt, wenn man sich an die richtigen Geschmacksregeln und Zubereitungstechniken hält. Die Basis sind dabei, wie bei der klassischen Bratensauce, Röstaromen, eine gute Basisbrühe, Gewürze und vor allem Wurzelgemüse. Ein wunderbar deftiges Aroma bekommt man durch getrocknete Steinpilze. Wer Pilze nicht mag, kann sie natürlich auch weglassen.

Ich empfehle immer, gleich mehr zu machen, dann hat man nur einmal den Aufwand. Der Rest lässt sich in kleinen Portionen einfrieren.

Die Saucen passen wunderbar zu Knödeln, Rouladen, Kartoffelgröstel und deftigen Gerichten aller Art.

Auf den folgenden Seiten zeige ich zwei Rezepte für »Bratensaucen«, die einen das Fehlen des Bratens mühelos vergessen lassen. Die eine (siehe gegenüberliegende Seite) ist eine konzentrierte, nicht gebundene dunkelbraune Sauce, die als Basis für viele Saucenvariationen dient, aber auch in der puren Form superlecker ist und echt Dampf hat. Ich mag sie am liebsten zu klassischen, selbstgemachten Kartoffelknödeln. Die andere (»Bastis wilde Sauce«, siehe Seiten 64–65) ist eine Bratensauce mit leicht rot-bräunlicher Farbe und etwas mehr Süße durch die Verwendung saftiger Backpflaumen. Sie erinnert eher an eine Wild- oder Sauerbratensauce. Zum Beispiel zu Semmelknödeln ist diese Sauce einfach eine Wucht!

Bastis dunkle Kraftsauce

Ergibt etwa 500 ml

4 schwarze Pfefferkörner
1 TL Kümmelsamen
1 TL Rohrohrzucker
Salz und Pfeffer aus der Mühle
½ TL gemahlener Koriander
1 Prise Vanillemark oder gemahlene Vanille
2 Lorbeerblätter
2 Wacholderbeeren
1 gute Prise Chilipulver
1 TL Hefeflocken (nach Belieben)
1 Prise geriebene Muskatnuss
3 l frische, milde Gemüsebrühe
15 g getrocknete Steinpilze
50 ml Bratöl
50 g Butter oder pflanzliche Butter
6 rote Zwiebeln, geschält und fein gewürfelt
1 große Tomate, gewürfelt
100 g Frühlingszwiebeln, geschnitten
60 g Fenchel, fein gewürfelt
80 g Petersilienwurzel, fein gewürfelt
120 g Sellerieknolle, fein gewürfelt
120 g Karotten, fein gewürfelt
3 Knoblauchzehen, geschält
2 EL Tomatenmark
2 EL Mehl
10 kleine Zweige Thymian
1 Zweig frischer Rosmarin
500 ml trockener Rotwein
15 kleine braune Champignons
1 unbehandelte Zitrone
1 EL Sojasauce

Die Pfefferkörner mit einer Messerklinge andrücken, dann mit dem Kümmel, dem Zucker, Salz und Pfeffer, dem Koriander, der Vanille, dem Lorbeer, dem Wacholder, dem Chilipulver, nach Belieben den Hefeflocken und der Muskatnuss in eine kleine Schüssel geben. Die Gemüsebrühe in einem Topf kurz aufkochen. Die Steinpilze hineingeben und ziehen lassen.

In einem großen Topf das Bratöl und die Butter erhitzen. Die Zwiebelwürfel und das Gemüse dazugeben und scharf anrösten. Sobald sich dunkler Röstsatz bildet, das Tomatenmark, das Mehl und die Hälfte der frischen Kräuter inklusive Zweig dazugeben und mitrösten.

Wenn sich auf dem Boden dunkelbrauner Röstsatz absetzt, alles mit 100 ml Brühe ablöschen und den Röstsatz mit dem Kochlöffel vom Boden lösen. Die Mischung einkochen lassen.

Die Gewürze dazugeben und kräftig anrösten, bis sich wieder Röstsatz auf dem Topfboden bildet. Mit dem Rotwein ablöschen, den Röstsatz vom Boden lösen und alles wieder einkochen lassen, bis die Flüssigkeit verdunstet ist. Alles noch einmal anrösten.

Erneut 100 ml Brühe angießen und den Röstsatz lösen. Nun die Pilze, die Sojasauce, ½ TL abgeriebene Zitronenschale und die restlichen Kräuter dazugeben und alles erneut einkochen lassen. Den Röstsatz wieder vom Topfboden lösen, mit der restlichen Brühe angießen und alles für etwa 30 Minuten bei mittlerer Temperatur ohne Deckel köcheln lassen. Anschließend alles durch ein feines Sieb in einen Topf passieren. Für weitere 10 Minuten sanft einkochen lassen, bis die gewünschte Konsistenz erreicht ist. Mit Salz und Pfeffer abschmecken.

Tipp: Ich koche das Gemüse, das nach dem Passieren übrig bleibt, ohne die Kräuterzweige mit zwei Kellen Sauce und 100 ml Sahne oder 2 EL Mandelmus kurz auf und esse Reis, Spätzle oder Nudeln dazu.

Bastis »wilde« Sauce

Ergibt etwa 500 ml

2 EL Tomatenmark
1 TL Rohrohrzucker
1 TL Kümmelsamen
4 schwarze Pfefferkörner
Salz und Pfeffer aus der Mühle
½ TL gemahlener Koriander
1 kleine Prise Vanillemark oder gemahlene Vanille
3 Lorbeerblätter
4 Wacholderbeeren
1 gute Prise Chilipulver
1 TL Hefeflocken (nach Belieben)
1 gute Prise geriebene Muskatnuss
1 EL edelsüßes Paprikapulver
3 l frische, milde Gemüsebrühe
20 g getrocknete Steinpilze
50 ml Bratöl
50 g Butter oder pflanzliche Butter
6 rote Zwiebeln, geschält und fein gewürfelt
1 große Tomate, gewürfelt
60 g Fenchel, fein gewürfelt
80 g Petersilienwurzel, fein gewürfelt
120 g Sellerieknolle, fein gewürfelt
120 g Karotte, fein gewürfelt
3 Knoblauchzehen, geschält
2 EL Mehl
500 ml trockener Rotwein
3 Backpflaumen ohne Stein
15 kleine dunkle Champignons
1 unbehandelte Zitrone

Das Tomatenmark, den Zucker, den Kümmel, die angedrückten Pfefferkörner, Salz und Pfeffer, den Koriander, die Vanille, den Lorbeer, den Wacholder, das Chilipulver, nach Belieben die Hefeflocken, die Muskatnuss und das Paprikapulver in einer kleinen Schüssel vermischen. Die Gemüsebrühe in einem Topf kurz aufkochen, die Steinpilze hineingeben und ziehen lassen.

In einem großen Topf das Bratöl und die Butter erhitzen. Die Zwiebelwürfel und das Gemüse dazugeben und scharf anrösten. Dabei unter ständigem Rühren das Mehl einstreuen und scharf anbraten. Wenn sich auf dem Topfboden brauner Röstsatz bildet, mit 100 ml Gemüsebrühe ablöschen. Den Röstansatz mit dem Kochlöffel vom Boden lösen und alles einkochen lassen, bis die Flüssigkeit vollständig verdampft ist. Die Gewürzmischung dazugeben, alles gut verrühren und kräftig anrösten, damit das Tomatenmark karamellisiert und sich auf dem Topfboden erneut Röstsatz bildet.

Alles mit dem Rotwein ablöschen. Den Röstsatz vom Boden lösen und alles erneut einkochen lassen, bis die Flüssigkeit vollständig verdampft ist. Die Mischung wieder anrösten, dann 100 ml Brühe angießen.

Die Backpflaumen und die Pilze dazugeben und die Mischung wieder einkochen lassen. Alles anrösten und den Röstsatz lösen. Die restliche Brühe angießen und die Sauce etwa 30 Minuten bei mittlerer Temperatur ohne Deckel köcheln lassen.

Die Sauce anschließend mit einem Stabmixer pürieren und durch ein feines Sieb in einen Topf passieren. 10 Minuten sanft einkochen lassen, bis die gewünschte Konsistenz erreicht ist. Mit Salz, Pfeffer und ½ TL abgeriebener Zitronenschale abschmecken.

Tipp: Das Wechselspiel von kontrolliertem Anbrennen und Angießen ist essenziell für eine kräftige Sauce. Wichtig ist, dass die Mischung nie schwarz wird und komplett verbrennt, denn dann wird es bitter. Dunkelbraun dagegen ist erwünscht.

Currymischungen

Einige Rezepte in diesem Buch sind mit Currymischungen zubereitet. Es gibt unzählige verschiedene Sorten, sodass die Auswahl oft nicht leicht fällt. Deshalb möchte ich hier ein paar Beispiele für ganz köstliche Currypulver und -pasten vorstellen, mit denen nicht nur die Curryrezepte in diesem Buch zubereitet werden können.

Currypulver »Indian Style«

1 EL gemahlener Kreuzkümmel
1 TL gemahlener Koriander
½ EL gemahlene Kurkuma
1 TL gemahlener Ingwer
1 TL Mangopulver
½ TL Nelkenpulver
½ TL Zimt
¼ TL Vanillemark oder gemahlene Vanille
½ TL frisch gemahlener Pfeffer
¼ TL gemahlene Macis (Muskatblüte)
½ TL gemahlener Bockshornklee
½ TL gemahlene Asafoetida
1 TL Paprikapulver
½ TL Chilipulver
1 EL Zucker
1 EL mittelkörniges Meersalz
½ TL abgeriebene Schale einer unbehandelten Zitrone

Alle Gewürze bis auf Zucker, Salz und Zitronenzeste in eine trockene Pfanne geben und bei mittlerer Temperatur sanft anrösten, bis sie duften. Die Gewürze aus der Pfanne nehmen, abkühlen lassen und mit den restlichen Zutaten vermengen. In ein sauberes Schraubglas füllen und an einen dunklen Ort stellen.

Currypasten sind wahre Geschmacksbomben, die man, wenn man sie erst einmal kennt, sicher zu schätzen weiß. Eine solche Paste selbst herzustellen, dauert natürlich etwas länger als einfach die Packung aufzumachen, der geschmackliche Gewinn ist aber kaum zu beschreiben. Am besten bereitet man gleich die doppelte oder dreifache Menge des Rezepts zu, denn die Paste hält sich im Kühlschrank sehr gut. Einfach blasenfrei in ein Schraubglas geben und so weit mit neutralem Öl aufgießen, dass die Paste bedeckt ist. So hält sie sich im Kühlschrank ohne Probleme zwei Wochen.

Zubereitungstipps

Die besten Pasten werden im Mörser handgemacht. Man kann natürlich auch alle Zutaten in einem guten Mixer zerkleinern, aber das Mörsern bringt den Geschmack noch besser hervor und macht dazu viel Spaß, sobald man die richtige Technik gefunden hat. Meiner Meinung nach besteht ein großer geschmacklicher Unterschied zwischen Lebensmitteln, die maschinell unter hoher Geschwindigkeit hergestellt wurden, und solchen, die in Ruhe und bewusst von Hand verarbeitet werden.

Ich empfehle in meinen Kochkursen immer, zunächst die gröberen Stücke wie Zwiebel, Knoblauch usw. zu zerstoßen, und sobald die Masse feiner wird, alles mit festen Kreisbewegungen zu zermahlen. Den Mörser immer nur zur Hälfte befüllen und lieber auf mehrere Male arbeiten. Ich bevorzuge stabile Steinmörser mit einem Durchmesser von etwa 15 cm.

Grünes Gold

1 Bund Koriandergrün mit Stängeln
1 EL Koriandersamen
1 EL gemahlene Kurkuma
1 TL Kreuzkümmel
½ TL Zimt
¼ TL Vanillemark oder gemahlene Vanille
1 Prise Muskatnuss
1 Nelke
5 cm frisches Zitronengras (bauchiges Stück), sehr fein geschnitten
2 Knoblauchzehen, geschält und fein gewürfelt
4 große frische grüne Chilischoten, fein geschnitten
2 EL natives Kokosöl
1 TL Salz
3 Körner schwarzer Pfeffer
2 Körner Piment (Nelkenpfeffer)
3 Schalotten, geschält und fein gewürfelt
3 cm Ingwer, geschält und fein gewürfelt
1 TL Agavendicksaft oder Honig

Rotes Feuer (sehr scharf)

3 EL Paprikapulver
1 EL Koriandersamen
1 TL gemahlene Kurkuma
1 TL Kreuzkümmel
½ TL Zimt
¼ TL Vanillemark oder gemahlene Vanille
1 Prise Muskatnuss
2 Nelken
5 cm frisches Zitronengras (bauchiges Stück), sehr fein geschnitten
2 Knoblauchzehen, geschält und fein gewürfelt
4 große frische, scharfe, rote Chilischoten, fein geschnitten
2 EL natives Kokosöl
1 TL Salz
3 Körner schwarzer Pfeffer
3 Schalotten, geschält und fein gewürfelt
3 cm Ingwer, geschält und fein gewürfelt
1 TL Agavendicksaft oder Honig

Bastis gelbe Thai-Currypaste

1 EL Koriandersamen
3 EL gemahlene Kurkuma
1 TL Kreuzkümmel
1 TL Zimt
¼ TL Vanillemark oder gemahlene Vanille
1 Prise Muskatnuss oder Macis (Muskatblüte)
3 Nelken
5 cm frisches Zitronengras (bauchiges Stück), sehr fein geschnitten
2 Knoblauchzehen, geschält und fein gewürfelt
1 kleine, rote Chilischote, fein geschnitten
2 EL natives Kokosöl
1 TL Salz
3 Körner schwarzer Pfeffer
2 Körner Piment (Nelkenpfeffer)
3 Schalotten, geschält und fein gewürfelt
3 cm Ingwer, geschält und fein gewürfelt
1 TL Agavendicksaft oder Honig

Alle trockenen Gewürze in einer Pfanne ohne Öl bei mittlerer Temperatur sanft anrösten, bis sie duften. Dann zusammen mit den restlichen Zutaten in einem Mörser zu einer sämigen Paste zerdrücken.

Tipps: Kurkuma färbt sehr stark, daher ist es sinnvoll, bei der Verarbeitung immer Einweghandschuhe anzuziehen.

Zur Weiterverwendung die Paste in einer Pfanne kurz anbraten und die jeweiligen Zutaten für das Curry dazugeben. Man kann auch Tofu oder Gemüse damit marinieren.

Ingwer zu schälen, ist mitunter etwas frickelig. Ein Teelöffel leistet hier gute Dienste. Die Schale einfach mit der Löffelspitze abschaben.

Frühling

Vorspeise – 20 Minuten

Bärlauchsuppe mit Kräuterkrostinis, Feta und Mandel-Pfeffer-Schaum

Für 2–3 Portionen

Saisonale und frische Zutaten
150 g Bärlauch
200 g Spinat
100 ml Milch (Kuh- oder Sojamilch)
100 g Fetakäse, gewürfelt

Basiszutaten
1 kleine rote Zwiebel
1 Scheibe Bauernbrot
2 ½ EL weißes Mandelmus
1 unbehandelte Zitrone

Frische Kräuter
1 Zweig frischer Rosmarin
1 Zweig frischer Thymian

Gewürze
800 ml Gemüsebrühe
3 EL natives Olivenöl
natürliches Salz
Chilipulver
schwarzer Pfeffer aus der Mühle
1 TL Honig
1 Prise Vanillemark oder gemahlene Vanille
1 TL rosa Pfeffer

Die Zwiebel in grobe Würfel schneiden, 1 TL Rosmarinnadeln fein hacken und beides in einem Topf mit 1 EL Olivenöl dünsten. Den Bärlauch und den Spinat grob hacken. Den Spinat zu den Zwiebeln geben und mit der Gemüsebrühe aufgießen. Alles kurz aufkochen und dann bei niedriger Temperatur mit geschlossenem Deckel 5 Minuten sanft köcheln lassen.

In der Zwischenzeit das Brot in 1 cm dicke Streifen schneiden. Eine Pfanne erhitzen, 2 EL Olivenöl hineingeben und darin einen halben Rosmarinzweig und den Thymianzweig 2 Minuten sanft anbraten. Die Brotsticks dazugeben, mit je einer Prise Salz und Chilipulver würzen und 2–3 Minuten kross braten. Auf einen Teller geben.

Die Milch kurz mit dem Pfeffer aufkochen. Mit 1 EL Mandelmus und ½ TL abgeriebener Zitronenschale in einen kleinen Messbecher geben und alles mit dem Stabmixer pürieren. Etwas salzen und ziehen lassen.

Den Bärlauch und 1 ½ EL Mandelmus in die Suppe geben, 30 Sekunden ziehen lassen und diese dann mit einem Stabmixer samig purieren. Mit Salz, schwarzem Pfeffer, 1 TL Zitronensaft, 1 Prise Chili, 1 TL Honig und 1 kleinen Prise Vanille abschmecken. Die Mandelsahne mit dem Stabmixer schaumig ziehen. Dazu die Mandelsahne am besten in einen kleinen Messbecher geben und mit dem Stabmixer immer von unten nach oben ziehen, bis ein feiner Schaum entsteht. Die Fetawürfel in die Mitte der Suppenteller geben und die Suppe darübergießen. Mit 2 EL Mandelschaum und ein paar rosa Pfefferkörnern garnieren. Die Brotsticks dazu servieren und genießen.

Vegantipp

Statt des Fetas kannst du ein paar Cashewkerne rösten und in die Suppe einstreuen. Den Honig durch Ahornsirup ersetzen.

Spargel im Haselnuss-Montello-Mantel auf einem Spinat-Apfel-Bett

Für 2–3 Portionen

Saisonale und frische Zutaten
12 Stangen grüner oder weißer Spargel
50 g Montello-Käse, fein gerieben
1 Apfel
50 g Spinat

Basiszutaten
50 g gemahlene Haselnüsse, geröstet

Frische Kräuter
8 Blätter frischer Salbei

Gewürze
natürliches Salz
1 EL Zucker
schwarzer Pfeffer aus der Mühle
1 TL weißer Balsamicoessig
5 EL natives Olivenöl

In einer tiefen Pfanne oder einem Topf 2 l Wasser zum Kochen bringen. Das Wasser mit je 1 EL Salz und Zucker würzen und den geschälten Spargel darin sanft köcheln lassen – grünen Spargel etwa 6 Minuten, weißen 10–12 Minuten.

Den Montello mit dem abgekühlten Haselnussmehl und einer guten Prise Pfeffer vermengen und auf einen flachen Teller geben. Den entkernten Apfel in dünne Spalten schneiden und mit dem Balsamicoessig beträufeln. Die Spinatblätter und Apfelspalten überlappend auf Tellern anrichten.

Das Olivenöl in einem kleinen Topf sanft erhitzen. Die Salbeiblätter darin etwa 2 Minuten kross anbraten und auf einem Küchentuch abtropfen lassen.

Den heißen, bissfest gegarten Spargel aus dem Wasser nehmen und die einzelnen Stangen sofort locker in der Haselnuss-Montello-Mischung wälzen. Auf dem Spinat-Apfel-Bett anrichten. Das Ganze mit den knusprigen Salbeiblättern garnieren, mit etwas von dem Salbei-Olivenöl beträufeln, mit etwas grobem Salz und frischem Pfeffer würzen und genießen.

Tipp: Statt der gemahlenen Haselnuss kannst du auch Walnuss, Cashewkerne oder Mandeln verwenden. Auch mit gemahlenen Pinienkernen oder angerösteten Semmelbröseln schmeckt das Gericht lecker.

Vegantipp

Ein toller Montello- oder Parmesanersatz kann durch 25 g angeröstete Cashewkerne, 25 g kurz und sanft angeröstete Semmelbrösel, 4 Scheiben getrocknete Steinpilze, 1 TL Bio-Gemüsebrühenpulver, 2 ½ EL Hefeflocken, 1 TL abgeriebener Zitronenschale, eine Prise Muskat und eine gute Prise Pfeffer hergestellt werden. Alles zusammen in den Mixer geben oder mit dem Pürierstab zerkleinern. Statt des Montellos kannst du natürlich auch fein gehackten Schnittlauch verwenden. Das geht schneller und schmeckt genauso gut!

Vorspeise – 25 Minuten

Carpaccio vom Räuchertofu mit Gemüsepasta und Erdbeerchutney

Für 2–3 Personen

Saisonale und frische Zutaten

200 g süße Erdbeeren
150 g Karotten
150 g Kohlrabi
200 g Räuchertofu

Basiszutaten

1 kleine rote Zwiebel
1 unbehandelte Zitrone

Frische Kräuter

2 Blätter frische Minze

Gewürze

3 EL natives Olivenöl
2 EL Rohrohrzucker
getrockneter Thymian
natürliches Salz
schwarzer Pfeffer aus der Mühle
1 Prise Chilipulver
1 EL weißer Baslamicoessig
1 Prise gemahlene Vanille

Die Zwiebel in feine Würfel schneiden und in einem kleinen Topf mit 1 EL Olivenöl glasig anbraten. Eine gewaschene und entgrünte Erdbeere in dünne Scheiben schneiden und auf die Seite legen. Den Rest der Erdbeeren vierteln und mit 1 EL Zucker zu den Zwiebelwürfeln in den Topf geben. Mit einer Prise getrocknetem Thymian, Salz und Pfeffer würzen, alles gut vermengen und 10 Minuten mit geschlossenem Deckel auf niedriger Flamme köcheln lassen.

Die Karotten und den Kohlrabi mit einem Gemüseschäler zu langen »Gemüsenudeln« schneiden. Diese auf etwa 5 cm zuschneiden und der Länge nach mit einem Messer nach Belieben zu hauchfeinem »Gemüsestroh« zerschneiden. Das Ganze in einer Schale mit 1 TL Zucker, je einer guten Prise Salz und Chilipulver und 1 EL Essig marinieren. Zugedeckt mindestens 10 Minuten ziehen lassen.

Den Räuchertofu der Länge nach mit einem Messer oder scharfen Gemüseschäler in hauchdünne Scheiben schneiden. Das Chutney mit einer Prise Vanille, etwas Thymian und Chilipulver, 2 EL Zitronensaft, 1 Prise abgeriebener Zitronenschale, Zucker, Salz und Pfeffer abschmecken. Dann vom Herd nehmen und ziehen lassen. 1 EL Olivenöl zu dem Gemüsestroh geben, alles gut vermengen und mit Salz und Pfeffer abschmecken.

Jetzt den Tofu überlappend auf Tellern anrichten. Je eine Handvoll Gemüsepasta in die Mitte setzen. Das Erdbeerchutney und etwas Olivenöl über den Tofu träufeln und alles mit zwei in dünne Streifen geschnittenen Minzblättern und den Erdbeerscheiben garnieren. Mit etwas grobem Pfeffer bestreuen. Mit dem restlichen Chutney in einem Schüsselchen und nach Belieben knusprigem Baguette genießen.

Dal aus roten Linsen mit Apfel-Vanille-Reis

Für 2–3 Portionen

Saisonale und frische Zutaten

150 g Kohlrabi
1 Apfel
½ Karotte

Basiszutaten

150 g rote Linsen
100 g Basmatireis
1 Zwiebel
1 Knoblauchzehe
2 TL Cashewmus

Frische Kräuter

3 Zweige frische Petersilie

Gewürze

½ TL Vanillemark oder gemahlene Vanille
natürliches Salz
3 EL Bratöl
2 EL Currypulver
1 EL Rohrohrzucker
½ l Gemüsebrühe
schwarzer Pfeffer aus der Mühle
1 TL weißer Balsamicoessig

Die roten Linsen mit warmem Wasser gründlich abspülen. Den Reis mit kaltem Wasser ebenfalls gründlich abspülen. Eine 0,5 cm dicke Scheibe Kohlrabi abschneiden und auf die Seite legen. Die Zwiebel und den restlichen Kohlrabi in feine Würfel schneiden. Den Apfel nach Belieben schälen, entkernen und ebenfalls in kleine Würfel schneiden. Die Petersilie und den Knoblauch fein schneiden.

Den Reis in der doppelten Menge kaltem Wasser zusammen mit der Vanille, einer Prise Salz und den Apfelstückchen in einem Topf kurz aufkochen lassen. Die Temperatur reduzieren und alles bei geschlossenem Deckel 10 Minuten köcheln lassen. Den Herd abdrehen und den Reis für weitere 10 Minuten ziehen lassen.

In einem Topf das Bratöl erhitzen und darin das Currypulver, eine Prise Zucker und die Kohlrabi- und Zwiebelwürfel scharf anbraten, bis etwas Röstfarbe entsteht. Die Linsen und die Gemüsebrühe dazugeben, den Röstansatz mit dem Kochlöffel vom Boden lösen und alles mit 1 TL Zucker, einer Prise Pfeffer, der Petersilie und dem Knoblauch würzen.

Bei mittlerer Temperatur unter regelmäßigem Umrühren alles etwa 15 Minuten köcheln lassen. Die Karotte in hauchdünne Scheiben schneiden und dann zusammen mit der Kohlrabischeibe zu 4 cm langem, sehr feinem Gemüsestroh schneiden. Das Cashewmus in das Dal einrühren und alles mit etwas Currypulver, Salz, dem Essig und etwas Pfeffer abschmecken. Das Dal und den Reis auf Tellern anrichten, mit dem Gemüsestroh garnieren und genießen.

Spargelcouscous mit Haselnuss-Minze-Pesto

Für 2–3 Portionen

Saisonale und frische Zutaten
200 g Karotten
5 Stangen grüner Spargel

Basiszutaten
250 g Couscous
1 kleine rote Zwiebel
6 getrocknete Datteln
1 kleine Knoblauchzehe, geschält
½ unbehandelte Zitrone
10 Mandeln
4 EL gemahlene Haselnüsse, angeröstet

Frische Kräuter
2 Zweige frische Petersilie
etwa 20 frische Minzeblätter

Gewürze
500 ml Gemüsebrühe
7 EL natives Olivenöl
3 EL Bratöl
Orangenblütenwasser (nach Belieben)
1 TL Ahornsirup
natürliches Salz
schwarzer Pfeffer aus der Mühle
1 Prise Chilipulver
2 Msp. Vanillemark oder gemahlene Vanille

So viel Gemüsebrühe, wie auf der Couscousverpackung angegeben, kurz aufkochen. Den Couscous in eine ofenfeste Form geben und mit der kochenden Brühe übergießen. 1 El Olivenöl dazugeben, alles gut vermengen und 5 Minuten zugedeckt ziehen lassen.

Die Karotten in 2 cm lange Stifte, die Zwiebel in feine Würfel schneiden, die Datteln entkernen und in dünne Ringe schneiden, den Knoblauch in dünne Scheiben und den geschälten Spargel schräg in etwa 3 cm lange Stücke schneiden. Von der Zitrone mit einem Sparschäler ein etwa 2 cm langes Stück Schale abziehen und dieses mit einem Messer in hauchdünne Streifen schneiden. Die Zitronenhälfte auspressen. Die Petersilie fein schneiden.

2 EL von dem Olivenöl, 2 EL Zitronensaft, die Petersilie und 1 TL fein geschnittene Zitronenschale unter den Couscous mischen und alles weitere 5 Minuten zugedeckt ziehen lassen. Die Mandeln der Länge nach in feine Mandelsplitter schneiden, unter ständigem Wenden kurz in einer Pfanne anrösten und beiseitestellen.

In der gleichen Pfanne 3 EL Bratöl erhitzen. Die Zwiebelwürfel und den Knoblauch darin etwa 3 Minuten sanft anschwitzen. Die Dattelringe, die Karotten und den Spargel dazugeben, kurz anrösten und dann mit 200 ml Gemüsebrühe angießen. Die Temperatur reduzieren und alles für 6–7 Minuten köcheln lassen, bis das Gemüse bissfest gegart und die Flüssigkeit verdampft ist.

Das angeröstete Haselnussmehl, die Minzeblätter, nach Belieben 3 Tropfen Orangenblütenwasser, den Ahornsirup, 1 Prise Chili, 1 EL Zitronensaft, eine gute Prise Salz und Pfeffer, das Vanillemark und 4 EL Olivenöl in einem Messbecher mit einem Stabmixer zu einer sämigen und leckeren Paste verarbeiten. Mit Salz, Ahornsirup und Pfeffer nach Belieben abschmecken.

Den Couscous mit einer Gabel etwas auflockern und mit dem Gemüse in der Pfanne vermengen. Die Mandeln dazugeben und alles mit Salz und Pfeffer abschmecken. In ein mit Wasser ausgespültes, flaches Glas oder eine Tasse füllen, etwas festdrücken und dann vorsichtig auf Teller stürzen. Mit ein paar Dattelringen, Spargelspitzen, Mandeln und Minze garnieren. Das Pesto in einer kleinen Schüssel dazu servieren.

Mediterranes Frühlingsgemüse mit Apfel-Joghurt-Dip und Zitronendinkel

Für 2–3 Portionen

Saisonale und frische Zutaten

100 g Karotten
50 g Kohlrabi
4 Stangen Spargel, weiß oder grün
40 g Spinat
1 Apfel
100 g Sahnejoghurt

Basiszutaten

150 g Kochdinkel
1 unbehandelte Zitrone
1 Knoblauchzehe
1 kleine rote Zwiebel

Frische Kräuter

1 TL gehackte Rosmarinnadeln
2 Zweige frische Petersilie
4 Blätter frischer Bärlauch
2 Zweige frischer Thymian

Gewürze

500 ml Gemüsebrühe
4 EL natives Olivenöl
natürliches Salz
schwarzer Pfeffer aus der Mühle
2 Msp. Vanillemark oder gemahlene Vanille
Rohrohrzucker

Den Kochdinkel in einem Sieb gut waschen und in doppelt so viel Flüssigkeit (50 % Gemüsebrühe, 50 % Wasser) wie Dinkel, mit dem Rosmarin, 1 EL Olivenöl, ½ TL Salz und einer Prise Pfeffer in einem Topf aufkochen. Alles bei niedriger Temperatur etwa 20 Minuten zugedeckt köcheln und ziehen lassen. Gelegentlich kontrollieren und umrühren. Nach etwa 20 Minuten das Wasser abgießen, ½ TL abgeriebene Zitronenschale und 1 EL Olivenöl einrühren. Vom Herd nehmen und zudecken.

Die Karotten und den Kohlrabi in etwa 4 cm lange Stifte und den geschälten Spargel schräg in etwa 4 cm lange Stücke schneiden. Den Spinat in 1 cm lange Streifen schneiden. Vom Apfel ein 2 cm großes Stück der Schale abschälen, den Rest des Apfels fein raspeln und beides mit etwas Zitronensaft beträufeln. Die Apfelschale in hauchdünne Streifen schneiden und kühl stellen. Die Knoblauchzehe in dünne Scheiben und die Zwiebel in feine Würfel schneiden. Die Petersilie und den Bärlauch sehr fein schneiden.

In einem Topf die Zwiebelwürfel zusammen mit 2 EL Olivenöl, dem Thymian, einer Prise Pfeffer und den Kohlrabi- und Karottenstiften scharf anbraten und alles mit 300 ml Gemüsebrühe ablöschen. Die Mischung 5 Minuten bei geschlossenem Deckel sanft köcheln lassen, dann den Spargel und die Knoblauchscheiben dazugeben und alles weitere 8 Minuten köcheln.

In der Zwischenzeit den geraspelten Apfel gründlich mit dem Joghurt, der fein geschnittenen Petersilie und dem Bärlauch, je einer Prise Salz und Pfeffer, 1 EL Olivenöl und einer Prise Vanille vermengen. Die Mischung in eine Schüssel füllen und kalt stellen.

Jetzt die Spinatstreifen in den Topf geben und kurz durchschwenken. Sobald der Spargel die gewünschte Bissfestigkeit hat, das Ganze mit Salz, Pfeffer, Zucker und ein paar Tropfen Zitronensaft abschmecken.

Den Dinkel mit etwas Salz, Pfeffer, 1 EL Olivenöl und Zitronenschale nach Belieben abschmecken und mit einer Gabel auflockern. Den Joghurtdip mit den Apfelschalestreifen garnieren. Den Zitronendinkel locker auf Tellern anrichten, etwas von dem Frühlingsgemüse und dem Sud dazugeben, servieren und genießen.

Tipp: Bei diesem Gericht kannst du alle saisonalen Gemüsesorten nach Belieben durch andere Gemüsesorten zu einer anderen Saison ersetzen, zum Beispiel Paprika, Tomate, Kürbis, Stangensellerie, Fenchel, Kartoffeln, Aubergine oder Weißkohl.

Hauptspeise – 25 Minuten

Spaghetti mit Walnuss-Bärlauch-Pesto

Für 2–3 Portionen

Saisonale und frische Zutaten

100 g Bärlauch

100 g Montello, fein gerieben

Basiszutaten

300 g Spaghetti, Dinkel oder Hartweizen

80 g Walnüsse, gehackt

20 g Pinien- oder Cashewkerne

1 unbehandelte Zitrone

Frische Kräuter

3 Blätter frischer Salbei

5 Blätter frisches Basilikum

1 Zweig frischer Rosmarin

2 Zweige frischer Thymian

2 Zweige frische Petersilie

Gewürze

natürliches Salz

150 ml natives Olivenöl

schwarzer Pfeffer aus der Mühle

½ TL Honig oder Ahornsirup

In einem Topf mindestens 3 l Wasser zum Kochen bringen und mit 30 g Salz würzen. Die Pasta hineingeben und nach Packungsanweisung bissfest kochen. Die Nüsse in einer Pfanne ohne Öl sanft anrösten. Den Bärlauch, die Salbeiblätter und das Basilikum grob schneiden. Rosmarinnadeln und Thymianblätter von den Zweigen abziehen. Ein etwa 2 cm langes Stück von der Zitronenschale mit einem Gemüseschäler abschälen und in dünne Streifen schneiden, dann zusammen mit den Kräutern, den Nüssen, dem Olivenöl, einer Prise Pfeffer und dem Bärlauch in einem Messbecher mit dem Pürierstab zu einem sämigen Kräuterpesto verarbeiten.

Den geriebenen Montello unterheben und alles mit etwas Salz, einem Spritzer Zitronensaft, frischem Pfeffer und dem Honig oder Ahornsirup abschmecken. Die gegarten Nudeln abgießen, dabei ein kleines Glas von dem Kochwasser auffangen. Die Pasta wieder zurück in den Topf geben und pro Portion 2–4 EL Pesto und 1 EL Nudelwasser hinzufügen.

Alles gut vermengen und mit einer Küchenzange portionsweise Nudeln aufdrehen. Die einzelnen Portionen mit einer kleinen Drehung auf Teller setzen. Einen Klecks Pesto auf die Teller geben, alles mit einem Rosmarinzweig und etwas abgeriebener Zitronenschale garnieren und servieren.

Tipp: Das Pesto nicht mehr zusätzlich erhitzen, da es sonst bitter werden könnte. Wenn die Bärlauchzeit vorbei ist, einfach Basilikum verwenden.

Vegantipp

Mit 50 g angerösteten Cashewkernen anstelle des Käses schmeckt das Pesto auch ganz wunderbar. Den Honig mit Ahornsirup ersetzen.

Quinoa-Spinat-Pflanzerl mit Spargelgemüse und Mandelsahnesauce

Für 2–3 Portionen

Saisonale und frische Zutaten

50 g Kohlrabi
6 Stangen Spargel, grün oder weiß
50 g Karotten
50 g Spinat

Basiszutaten

150 g Quinoa
1 Zwiebel
6 EL Mehl oder Semmelbrösel
1 unbehandelte Zitrone
1 Knoblauchzehe mit Schale
3 EL Mandelmus

Frische Kräuter

2 Zweige frische Petersilie
1 Zweig frischer Rosmarin
2 Blätter frischer Salbei

Gewürze

natürliches Salz
1 Prise Rohrohrzucker
6 EL Bratöl
schwarzer Pfeffer aus der Mühle
1 Prise Chilipulver

Tipp: Bei diesem Gericht sind die Gemüsesorten flexibel, du kannst es also an jede Saison anpassen.

Das Quinoa unter fließendem warmem Wasser in einem Sieb gründlich abspülen und nach Packungsanweisung garen. Den Kohlrabi und die Zwiebel in kleine Würfel schneiden, den geschälten Spargel dritteln. Die Karotte in 4 cm lange Stifte schneiden und mit dem Spargel in einem Topf in 500 ml leicht gesalzenem und gezuckertem Wasser kurz aufkochen. Dann alles etwa 5 Minuten bei niedriger Temperatur ziehen lassen.

Die Petersilie fein schneiden, 1 EL Rosmarinnadeln vom Zweig ziehen und fein hacken. Den Spinat in Streifen schneiden. In einer Pfanne 2 EL Bratöl erhitzen und die Zwiebeln zusammen mit dem Rosmarin glasig anbraten. Die Kohlrabiwürfel dazugeben und alles 4 Minuten bei mittlerer Temperatur braten. Mit Salz und Pfeffer abschmecken.

Den Spargel und die Karotten aus dem Topf nehmen und das Kochwasser beiseitestellen. Die Kohlrabimischung bis auf 2 EL in eine Schüssel geben. Das Quinoa, den Spinat, das Mehl und die Petersilie dazugeben. Alles gut vermengen und mit Salz und Pfeffer würzen.

In einer Pfanne 4 EL Bratöl erhitzen. Die Knoblauchzehe leicht anquetschen. Die Salbeiblätter und den Knoblauch 2 Minuten anbraten und schwenken. Aus dem Quinoateig 1,5 cm dicke Bratlinge formen. In die Pfanne geben und bei mittlerer Temperatur auf jeder Seite 2–3 Minuten knusprig anbraten.

Inzwischen den Spargel, die Karotten und 400 ml von dem Kochwasser zu den Zwiebeln in die Pfanne geben und alles 4 Minuten köcheln lassen. 1 TL abgeriebene Zitronenschale und das Mandelmus einrühren und alles mit Chilipulver, Salz, Zucker und Pfeffer abschmecken. Einköcheln lassen, dann warm halten.

Die Bratlinge mit dem Spargelgemüse auf Tellern anrichten, mit der Sauce beträufeln und genießen.

Karotten-Apfel-Traum mit Chai-Joghurt und gebrannten Mandeln

Für 2 Portionen

Saisonale und frische Zutaten
150 g Karotten
2 kleine Äpfel
100 g Sahnejoghurt

Basiszutaten
1 unbehandelte Zitrone
10 Mandeln, in Stifte geschnitten

Frische Kräuter
4 Blätter frische Minze
1 Stück (4 cm) frischer Ingwer

Gewürze
1 TL natives Olivenöl
1 TL Ahornsirup
2 Msp. Vanillemark oder gemahlene Vanille
natürliches Salz
1 EL Agavendicksaft
1 Prise gemahlener Kardamom
1 Prise gemahlene Gewürznelken
1 Prise gemahlener Zimt
1 TL Rohrohrzucker

Die Karotten waschen und die Äpfel entkernen. Beides fein raspeln und mit dem Olivenöl, 1 TL Ahornsirup, 1 Msp. Vanille und 1 TL Zitronensaft gut vermengen. Die Minzblätter aufeinanderlegen, der Länge nach falten und dann in hauchdünne Streifen schneiden. Die Hälfte des Minzstrohs fein hacken, den Rest für die Deko im Kühlschrank frisch halten.

Den Joghurt mit einer Prise Vanille, einer sehr kleinen Prise Salz, 1 EL Agavendicksaft und je einer guten Prise Kardamom, Nelke und Zimt abschmecken. Den Ingwer waschen und mit Schale sehr fein raspeln. Dann mit der Hand den Saft aus dem Ingwer über dem Joghurt auspressen. Alles gut vermengen.

Jeweils eine etwa 2 cm dicke Schicht Karotten- und Apfelraspel in schöne Gläser füllen, dann eine dünne Schicht Joghurt darauf verteilen und im Wechsel so weiter, bis Joghurt und Raspel verteilt sind. Die Gläser in den Kühlschrank stellen.

Die Mandelstifte in einer Pfanne bei mittlerer Hitze sanft anrösten, bis diese etwas Farbe bekommen. Mit Zimt würzen und den Zucker in die Pfanne geben. Sobald der Zucker zu schmelzen beginnt, alles gut vermengen. Damit sich der wenige Zucker hauchdünn auf den Mandeln verteilt, 1 EL Wasser zu den schon angerösteten Mandeln und dem anschmelzenden Zucker in die Pfanne geben und alles blitzschnell vermengen, bevor das Wasser wieder verdampft. Jetzt alles unter ständigem Rühren weiter sanft anrösten, bis die Mandeln schön knusprig sind.

Von der Zitrone mit einem Zestenreißer ein paar Zesten abziehen oder mit einem Gemüseschäler ein 2 cm langes, dünnes Stück abziehen und mit einem Messer in hauchdünne Streifen schneiden. Die Gläser mit den gebrannten Mandeln, den Zitronenzesten und dem Minzstroh garnieren und servieren.

Erdbeer-Sahne-Eis mit Zitronen-Minz-Plätzchen

Für 2–3 Portionen

Saisonale und frische Zutaten

200 g Erdbeeren
40 g Butter, zerlassen
100 g kalte Sahne

Basiszutaten

1 unbehandelte Zitrone
50 g gemahlene Mandeln
20 g Mehl

Frische Kräuter

8 Blätter frische Minze

Gewürze

60 g Rohrohrzucker
natürliches Salz
1 Prise gemahlener Kardamom
2 Msp. Vanillemark oder gemahlene Vanille
1 EL Agavendicksaft
1 TL Olivenöl

Eine schöne Erdbeere beiseitelegen. Die restlichen in kleine Stückchen schneiden, großflächig auf einem Teller ausbreiten und dann 20–30 Minuten in den Tiefkühler geben. Alternativ tiefgekühlte Erdbeeren verwenden.

Den Saft einer halben Zitrone auspressen und etwa 1 TL Schale abreiben. Den Saft zusammen mit den Minzblättern und der flüssigen Butter mit dem Stabmixer pürieren. Den Zucker, die geschmolzene Zitronen-Minz-Butter, die gemahlenen Mandeln und das Mehl gut vermengen und sofort kühlstellen, bis die Masse fest geworden ist.

Den Ofen auf 160 °C (Ober- und Unterhitze) vorheizen. Ein Backblech mit Backpapier belegen und aus der Buttermasse Kugeln mit 0,5 cm ø ausstechen und ausrollen. Diese im Abstand von 10 cm auf das Backblech legen. Die Plätzchen in den Ofen schieben und 5–15 Minuten goldgelb backen. Dann die Plätzchen auf dem Blech auskühlen lassen.

Die gefrorenen Erdbeeren zusammen mit der Hälfte der eiskalten Sahne, einer sehr kleinen Prise Salz, dem Kardamom, der Vanille, dem Agavendicksaft und dem Olivenöl in einem Mixer oder mit einem Stabmixer zu einer sämigen Eismasse pürieren. Die andere Hälfte der Sahne nach und nach dazugeben, bis die richtige Konsistenz erreicht ist.

Je zwei schöne Nocken Eis in ein Schüsselchen geben, mit den lauwarmen Plätzchen und einer dünnen Scheibe Erdbeere garnieren und servieren.

Tipp: Dieses Blitzeis funktioniert auch wunderbar mit anderen Früchten wie zum Beispiel gefrorenen Himbeeren, Blaubeeren, Kirschen oder auch Mango. Anstelle der Sahne verwende ich gerne Kokosmilch.

Sommer

Zen-Tomatensuppe mit Knoblauchcrostinis und rosa Pfeffer

Für 2–3 Portionen

Saisonale und frische Zutaten
800 g reife Sommertomaten

Basiszutaten
2 kleine rote Zwiebeln
2 Knoblauchzehen
300 g Bauern- oder Roggenbrot

Frische Kräuter
1 Zweig frischer Rosmarin
2 Zweige frischer Thymian

Gewürze
9 EL Olivenöl
schwarzer Pfeffer aus der Mühle
natürliches Salz
1 TL Rohrohrzucker
1 TL rosa Pfeffer
1 Prise Chilipulver

Die Zwiebeln halbieren und in kleine Würfel schneiden. Eine Knoblauchzehe schälen, die andere mit dem Messer leicht anquetschen. Die Tomaten vom Stielansatz befreien und in etwa 3 cm große Würfel schneiden. Die geschälte Knoblauchzehe in Scheiben schneiden. Rosmarinnadeln und Thymianblätter von den Zweigen ziehen und fein schneiden. Das Bauernbrot in 2 cm große Würfel schneiden.

In einem Topf 3 EL Olivenöl erhitzen und darin je eine Prise Pfeffer und Salz, den Zucker, die Hälfte der Kräuter und die Zwiebeln 1 Minute scharf anbraten. Jetzt die Tomaten und Knoblauchscheiben dazugeben. Alles bei mittlerer Temperatur zugedeckt 5 Minuten köcheln lassen.

In einer Pfanne 6 EL Olivenöl sanft erhitzen und die restlichen Kräuter und die Knoblauchzehe mit Schale darin bei mittlerer Temperatur etwa 2 Minuten schwenken.

Die Brotwürfel hineingeben, mit Salz und Pfeffer würzen und unter regelmäßigem Wenden anrösten.

Jetzt ½ TL rosa Pfeffer zu den Tomaten geben und alles mit einem Stabmixer nach Belieben – sehr samtig oder noch mit Stückchen – pürieren. Mit Chilipulver, Zucker, Salz und Pfeffer abschmecken. Den Topf vom Herd nehmen und alles zugedeckt ziehen lassen.

Die Suppe in schöne Schüsseln oder Teller geben und mit ein paar Crostinis und etwas frischem rosa Pfeffer garnieren. Anstelle der Brotwürfel kann man auch ein paar in feine Scheiben geschnittene rote und gelbe Kirschtomaten als Deko in die Suppe streuen. Den Rest der Crostinis in einer extra Schüssel dazu servieren, damit man »nachlegen« kann.

Tipps: Durch die Schale gibt der angequetschte Knoblauch zwar Geschmack ab, verbrennt aber nicht, wird also auch nicht bitter. Wenn du die Suppe gerne etwas cremiger und weniger fruchtig magst, gib einfach pro Portion 1 EL weißes Mandel- oder Cashewmus dazu. Das schmeckt superlecker.

Asia-Linsensalat mit Melonenwürfeln

Für 2–3 Personen

Saisonale und frische Zutaten
100 g Fenchel
100 g Paprikaschoten
100 g Zucker-/Netzmelone

Basiszutaten
100 g getrocknete rote Linsen
2 kleine Zwiebeln
1 unbehandelte Zitrone

Frische Kräuter
6 Zweige frische Petersilie und/oder Koriandergrün
2 Blätter frische Minze

Gewürze
2 EL Bratöl
1 EL Currypulver*
natürliches Salz
Rohrohrzucker
schwarzer Pfeffer aus der Mühle
2 EL Sesamöl
1 Prise Vanillemark oder gemahlene Vanille
Orangenblütenwasser
weißer Balsamicoessig

* z. B. Garam Masala oder Thai-Curry

Die Linsen gründlich in einem Sieb unter fließendem lauwarmem Wasser abspülen. In einem Topf mit doppelt so viel Wasser wie Linsen etwa 5 Minuten bissfest garen. Achtung: Bei roten Linsen geht das sehr schnell! Die Linsen mit kaltem Wasser kurz abschrecken und abtropfen lassen.

Die Zwiebeln halbieren und in feine Würfel schneiden. Den Fenchel halbieren und den Strunk herausschneiden, dann die Hälften nochmals halbieren und alles mitsamt Fenchelkraut und -grün in hauchdünne Streifen schneiden oder hobeln. Die Petersilie oder das Koriandergrün und die Minze fein schneiden. Die Paprikaschoten in 0,5 cm breite Streifen schneiden. Die Melone entkernen. Eine dünne Scheibe mit Schale als Deko beiseitelegen. Die restliche Schale entfernen und das Fruchtfleisch in 1 cm große Würfel schneiden. Etwa ½ TL Zitronenschale fein abreiben.

In einer Pfanne das Bratöl mit dem Currypulver und je einer Prise Salz, Zucker und Pfeffer sanft erhitzen. Die Zwiebelwürfel zusammen mit dem Fenchel etwa 2 Minuten scharf anbraten, dann alles mit dem Saft einer halben Zitrone ablöschen und vom Herd nehmen. In einer kleinen Schüssel das Sesamöl zusammen mit der Vanille, 3 Tropfen Orangenblütenwasser, je einer guten Prise Salz, Zucker und Pfeffer, dem Saft der zweiten Zitronenhälfte und der Zitronenschale mit dem Schneebesen aufschlagen, bis das Dressing emulgiert.

Jetzt die Linsen vorsichtig mit den gehackten Kräutern, den Melonenwürfeln, den Paprikastreifen, dem Dressing und dem Fenchelgemüse inklusive Sud vermengen und alles mindestens 10 Minuten ziehen lassen. Mit Salz, Pfeffer, Essig und Curry abschmecken. Den Salat auf Tellern oder in dekorativen Schüsseln anrichten, mit Melonenscheiben dekorieren und servieren.

Tipp: Auch als lauwarmer Salat schmeckt diese Mischung ganz großartig! Man kann die Linsen also auch erst am Schluss kochen und noch heiß mit den anderen Zutaten vermengen.
Ebenso kannst du ganz nach Geschmack dein eigenes Currypulver zusammenstellen. Das geht ganz leicht und macht obendrein Spaß. Ein Rezept findest du auf Seite 64.

Knusprige Farinata mit Sommergemüse

Für 2–3 Portionen

Saisonale und frische Zutaten
200 g Lauch

Basiszutaten
200 g Kichererbsenmehl
2 Knoblauchzehen, geschält

Frische Kräuter
1 Zweig frischer Rosmarin
2 Zweige frischer Thymian
4 Blätter frischer Salbei
4 Zweige frische Petersilie

Gewürze
600 ml milde Gemüsebrühe
Olivenöl
natürliches Salz
schwarzer Pfeffer aus der Mühle

Rosmarinnadeln und Thymianblätter von den Zweigen ziehen und zusammen mit dem Salbei und der Petersilie fein schneiden.

Das Kichererbsenmehl in einer beschichteten Pfanne kurz und sanft anrösten. Mit der Gemüsebrühe, den Kräutern und 4 EL Olivenöl mit einem Schneebesen anrühren und mindestens 30 Minuten, am besten jedoch über Nacht, ziehen lassen. Den Lauch in dünne Ringe schneiden.

Den Knoblauch schälen und in Würfel schneiden.
Den Ofen auf 250 °C (Ober- und Unterhitze) vorheizen.

Nach der Ruhephase den flüssigen Teig mit Salz und Pfeffer abschmecken. Ein Back- oder Pizzablech mit Backpapier auslegen und 5 EL Olivenöl darauf verstreichen. Den Teig gut umrühren und dann maximal 1 cm dick hineingießen. Das Gemüse und den Knoblauch gleichmäßig einstreuen, sodass alles einigermaßen von Teig bedeckt ist. Alles mit etwas Olivenöl beträufeln und etwa 30 Minuten backen. Dabei das Blech nach Möglichkeit regelmäßig drehen.

Wenn die Farinata leicht angebräunt und der Teig fest geworden ist, aus dem Ofen nehmen und 5 Minuten ziehen lassen.

Die Farinata anschließend in Stücke schneiden, mit etwas frischem Olivenöl beträufeln und nach Belieben mit einem einfachen Salat oder Minzjoghurt servieren.

Tipps: Es kann jedes Saisongemüse verwendet werden, Zucchini, Paprika und Fenchel eignen sich besonders gut. Ich liebe dieses Gericht auch ganz ohne Gemüse in der puren Variante.
Für den Minzjoghurt 200 g Joghurt mit 10 fein gehackten Minzblättern, 1 TL gemahlenem Kreuzkümmel, je einer Prise Salz und Pfeffer und 1 fein geraspelten Apfel vermengen.
Die Farinata schmeckt auch kalt super, also immer gleich etwas mehr machen!

Sommerpasta mit Scamorza

Für 2–3 Portionen

Saisonale und frische Zutaten
100 g reife Kirschtomaten
100 g Zucchini
100 g geräucherter Scamorza

Basiszutaten
250 g Penne oder Spaghetti
2 Knoblauchzehen, geschält
1 unbehandelte Zitrone
2 kleine Zwiebeln
50 g Walnusskerne

Frische Kräuter
1 Zweig frischer Thymian
1 Zweig frischer Rosmarin
2 Zweige frische Petersilie
2 Blätter frischer Salbei
8 Blätter frisches Basilikum

Gewürze
4 EL natives Olivenöl
1 Prise edelsüßes Paprikapulver
1 TL Rohrohrzucker
½ TL gemahlener Koriander
1 Prise Chilipulver
natürliches Salz
schwarzer Pfeffer aus der Mühle
100 ml Weißwein
100 ml Gemüsebrühe

In einem Topf mindestens 4 l Wasser zum Kochen bringen, mit 40 g Salz würzen, die Pasta hineingeben und nach Packungsanweisung bissfest kochen. Die Tomaten halbieren. Die Zucchini in 1 cm große Würfel schneiden. Thymianblätter und Rosmarinnadeln von den Zweigen ziehen und zusammen mit den anderen Kräutern fein schneiden. Das Basilikum beiseitestellen. Den Knoblauch in dünne Scheiben schneiden. 1 TL Zitronenschale abreiben. Die Zwiebeln fein würfeln. Den Scamorza in 1 cm große Würfel schneiden. Das Basilikum fein schneiden.

In einer Pfanne die gewürfelte Zwiebel zusammen mit 1 EL Olivenöl, dem Paprikapulver, dem Zucker, den Kräutern, dem Koriander, dem Chilipulver und je einer Prise Salz und Pfeffer glasig braten. Dann den Knoblauch und die Zucchiniwürfel dazugeben und alles 2 Minuten scharf anbraten. Mit Weißwein und Gemüsebrühe ablöschen und 2 Minuten stark einkochen lassen.

Sobald die Nudeln bissfest gegart sind, eine Kelle vom Nudelwasser zum Gemüse geben. Das restliche Wasser abgießen. Jetzt das Gemüse, die Walnusskerne, die Kirschtomaten, 3 EL Olivenöl, die Zitronenschale und je eine Prise Salz und Pfeffer mit den heißen Nudeln vermengen. Zum Schluss die Scamorzawürfel unterheben. Alles noch einmal mit Salz, Pfeffer und Zitronensaft abschmecken. Das Basilikum unterheben und servieren.

Vegantipp

Natürlich schmeckt auch dieses Gericht ohne Käse ebenso lecker. Du kannst genauso die vegane Parmesanmischung auf Seite 70 verwenden.

Mediterrane Quinoa-Reis-Pfanne mit Pecorinoflocken

Für 2–3 Portionen

Saisonale und frische Zutaten

1 große Tomate
50 g Paprikaschote
50 g Zucchini
50 g Fenchel
50 g Lauch
40 g Pecorino

Basiszutaten

80 g Quinoa
80 g Basmatireis
1 unbehandelte Zitrone
1 Knoblauchzehe, geschält
2 kleine Zwiebeln

Frische Kräuter

1 Zweig frischer Rosmarin
2 Zweige frischer Thymian
2 Blätter frischer Salbei
2 Zweige frische Petersilie

Gewürze

6 EL Olivenöl
1 Prise Fenchelsamen
1 Prise geriebene Muskatnuss
½ TL gemahlener Koriander
Rohrohrzucker
natürliches Salz
schwarzer Pfeffer aus der Mühle
100 ml Gemüsebrühe
1 Prise Chilipulver
weißer Balsamicoessig

Das Quinoa unter fließend warmem Wasser in einem Sieb gründlich abspülen und nach Packungsanweisung garen. Den Reis zubereiten, wie auf Seite 43 beschrieben. Die Tomate vom Stielansatz befreien und in Scheiben schneiden. Die Paprikaschote in 3 cm lange Streifen schneiden. Die Zucchini in 1 cm große Würfel schneiden. Den Fenchel halbieren und den Strunk herausschneiden. Die Knolle nochmals halbieren und dann mitsamt dem Grün in dünne Streifen schneiden. Den Lauch in 0,5 cm dicke Ringe schneiden. Rosmarinnadeln und Thymianblätter von den Zweigen ziehen und zusammen mit dem Salbei und der Petersilie fein schneiden. Den Knoblauch in dünne Scheiben schneiden. ½ TL Zitronenschale abreiben. Die Zwiebeln fein würfeln. Den Pecorino grob raspeln.

Wenn Quinoa und Reis gar sind, beides etwas ausdampfen lassen. Die Zwiebeln in einer großen Pfanne zusammen mit den Kräutern, den Fenchelsamen, der Muskatnuss, dem Koriander, je einer Prise Zucker, Salz und Pfeffer und 3 EL Olivenöl 1 Minute scharf anbraten. Den Fenchel dazugeben und die Hitze reduzieren. Nach etwa 2 Minuten den Lauch, die Zucchini- und die Paprikawürfel dazugeben und alles mit der Gemüsebrühe ablöschen. 3 Minuten köcheln lassen.

Die Quinoa-Reis-Mischung in einer weiteren großen Pfanne in 3 EL Olivenöl scharf anbraten. Wenn die Flüssigkeit in der Gemüsepfanne fast verkocht ist, diese vom Herd nehmen, die Mischung mit der Zitronenschale würzen und ziehen lassen. Sobald die Reismischung etwas angeröstet ist, mit dem Gemüse vermengen und noch einmal mit Salz, Pfeffer und Chilipulver abschmecken.

Die Teller am Rand mit Tomatenscheiben belegen und diese mit Olivenöl und Essig beträufeln. Das Gericht darauf anrichten. Mit Pecorinoflocken bestreuen und servieren.

Vegantipp
Auch ohne Käse schmeckt das Gericht richtig gut: Einfach etwas Cashewkernbruch oder Pinienkerne kurz in einer Pfanne anrösten und darüberstreuen oder die vegane Parmesanmischung (siehe Seite 70) verwenden.

Fenchel-Paprika-Salat mit Bratpfirsich und Mandelsahne-Vinaigrette

Für 2–3 Portionen

Saisonale und frische Zutaten

200 g Fenchel
200 g Paprikaschoten
2 reife Pfirsiche oder Nektarinen

Basiszutaten

1 kleine Zwiebel
1 unbehandelte Zitrone
3 EL Kokosmilch
1 EL weißes Mandelmus

Frische Kräuter

4 Zweige frische Petersilie und/oder Koriander

Gewürze

1 Prise Vanillemark oder gemahlene Vanille
5 EL Sesamöl
Orangenblütenwasser
2 ½ EL weißer Balsamicoessig
1 TL Ahornsirup oder Honig
1 Prise Zimt
natürliches Salz
schwarzer Pfeffer aus der Mühle
1 Prise Chilipulver

Das Fenchelgrün abzupfen und beiseitelegen. Den Fenchel halbieren, den Strunk entfernen und den Rest in hauchdünne Streifen schneiden oder hobeln. Die Paprikaschote waschen, von Stielansatz und Kernen befreien und dann in 2 cm lange, dünne Streifen schneiden. Den Pfirsich waschen, entsteinen und in 1,5 cm dicke Spalten schneiden. Die Vanille mit 1 EL Sesamöl vermengen. Die Zwiebel in sehr feine Würfel schneiden. Die Zitrone waschen, mit einem Sparschäler ein etwa 1 cm breites Stück hauchdünn abschälen und dieses mit einem Messer in feine Streifen schneiden. Petersilie und/oder Koriander fein hacken.

Die Zwiebelwürfel in einer kleinen Pfanne mit ein paar Tropfen Sesamöl glasig anbraten. Dann mit 3 EL Sesamöl, der Kokosmilch, 3 Tropfen Orangenblütenwasser, dem Essig, dem Mandelmus, dem Ahornsirup oder Honig, dem Zimt, je einer guten Prise Salz und Pfeffer, dem Chilipulver, der gehackten Petersilie oder dem Koriander und den Zitronenschalenstreifen in einer Schüssel mit dem Schneebesen zu einer gleichmäßigen Vinaigrette aufschlagen. Mit Salz und Pfeffer abschmecken.

Die Fenchel- und Paprikastreifen mit drei Vierteln der Mandel-Sahne-Vinaigrette vermengen und ziehen lassen. Eine Grillpfanne erhitzen und die Pfirsichscheiben darin 1 Minute mit ein paar Tropfen Öl scharf anbraten. Die Pfanne vom Herd nehmen, die Pfirsichscheiben mit dem Vanilleöl beträufeln und alles mit der Resthitze 1 weitere Minute ziehen lassen. Den Salat mittig auf Tellern anrichten. Die Pfirsichscheiben neben dem Salat anrichten, etwas von der Vinaigrette sowie den Rest des Vanilleöls über die Teller träufeln, alles mit etwas Fenchelgrün garnieren und servieren.

Tipps: Jede Vinaigrette immer zusammen mit allen Komponenten aus dem Salat abschmecken, erst dann kann man das Würzverhältnis richtig einschätzen.
Die restliche Kokosmilch kannst du in Eiswürfelbeuteln einfrieren. So hast du immer kleine Portionen, wenn du etwas brauchst.
Den Pfirsich kann man auch wunderbar grillen. Das würde ich allerdings nur empfehlen, wenn der Grill sowieso noch zum Einsatz kommt!

Hauptspeise – 25 Minuten

Fruchtiges Grillpäckchen

Für 2 Portionen

Saisonale und frische Zutaten

100 g Zucchini

50 g Paprika

50 g Tomate

50 g Melone, geschält und gewürfelt

50 g Aprikosen, entsteint und geviertelt

50 g Pfirsich, entsteint und geachtelt

200 g Feta oder Gorgonzola, gewürfelt

Basiszutaten

1 kleine rote Zwiebel

1 Knoblauchzehe

30 g Walnüsse, Mandeln oder Pinienkerne

Frische Kräuter

3 Blätter frische Minze

2 Zweige frische Rosmarin

Gewürze

3 EL Olivenöl

schwarzer Pfeffer aus der Mühle

rosa Pfeffer aus der Mühle

Chilipulver

natürliches Salz

Die Zwiebel halbieren und in feine Ringe schneiden. Die Enden der Zucchini entfernen und zusammen mit der Paprikaschote in 3 cm lange Stifte schneiden. Die Tomate vom Stielansatz befreien und in 2 cm große Würfel schneiden. Die Minze hacken. Den Knoblauch in Scheiben schneiden.

Alles in einer großen Schüssel mit den Obststücken vermengen. 3 EL Olivenöl, je eine Prise schwarzer und rosa Pfeffer, Chilipulver und Salz untermischen. Den Ofen auf 200 °C vorheizen oder den Grill anheizen.

Die Nüsse in einer Pfanne kurz anrösten und ebenfalls in die Schüssel geben. Jetzt zwei A4-große Stücke Alufolie ausbreiten und mittig darauf die Gemüse-Obst-Mischung geben. Jetzt jeweils eine Hälfte der Käsewürfel darüberstreuen, je einen Zweig Rosmarin daraufsetzen und das Ganze zu einem kompakten Päckchen mit Öffnung oben verschließen. Dabei die Folie doppelt umfalten.

Das Päckchen etwa 15 Minuten im Ofen oder auf dem Grill garen. Anschließend den Inhalt auf Tellern anrichten oder die ganzen Päckchen auf Teller geben und die Folie dann beim Öffnen am Tisch um den Tellerrand herumschlagen. Nach Belieben mit einem Stück gegrilltem Baguette zum Auftunken der Sauce servieren.

Vegantipp

Statt des Fetakäses oder Gorgonzolas kannst du auch etwas geräucherten Tofu mit ins Päckchen geben oder veganen Fetakäse verwenden.

Hauptspeise – 45 Minuten

Wraps mit Sommergemüse, grüner Sauce und Balsamicozwiebeln

Für 2–3 Portionen

Saisonale und frische Zutaten

200 g Gurke
60 g Melone
50 g Paprikaschote
100 g Tomate

Basiszutaten

2 kleine Knoblauchzehen
150 g Kichererbsenmehl
3 EL vollfettes Sojamehl
2 Zwiebeln
1 unbehandelte Zitrone
4 EL weißes Mandelmus

Frische Kräuter

1 Zweig frischer Rosmarin
6 Zweige frische Petersilie
3 Zweige frischer Thymian
7 Blätter frische Minze

Gewürze

450 ml Gemüsebrühe oder Bio-Pulverbrühe
natürliches Salz
schwarzer Pfeffer aus der Mühle
7 EL Olivenöl
1 Prise Vanillemark oder gemahlene Vanille
1 Stück (1 cm) frische Chilischote, entkernt
2 TL Honig oder Ahornsirup
½ TL gemahlener Koriander
8 EL weißer Balsamicoessig

Die Rosmarinnadeln vom Zweig ziehen. Die Knoblauchzehen schälen. Das Kichererbsenmehl in einer beschichteten Pfanne kurz anrösten, dann zusammen mit der Gemüsebrühe, dem Sojamehl, je einer Prise Salz und Pfeffer, 2 Zweigen gehackter Petersilie, 1 EL Rosmarinnadeln und einer Knoblauchzehe 30 Sekunden im Mixer oder mit dem Stabmixer pürieren. Die Mischung etwa 30 Minuten ziehen lassen.

Eine Hälfte der ungeschälten Gurke in dünne Scheiben schneiden, die andere fein raspeln. Die Melone schälen, entkernen, ebenfalls fein raspeln und zur geraspelten Gurke geben. Die Paprikaschote in dünne Streifen schneiden. Die Tomate vom Stielansatz befreien und in dünne Scheiben schneiden. Die Zwiebeln in dünne Ringe schneiden. ½ TL Zitronenschale abreiben und den Saft der halben Zitrone auspressen. Die Thymianblätter von den Zweigen ziehen.

Die Gurken- und Melonenraspel zusammen mit den Thymianblättern, der Minze, der grob gehackten Petersilie, 3 EL Olivenöl, der Vanille, ½ TL Salz, einer guten Prise Pfeffer, dem Zitronensaft, der Zitronenschale, der Chili, 1 TL Honig oder Ahornsirup, dem Mandelmus und dem gemahlenen Koriander mit dem Stabmixer zu einer sämigen Sauce pürieren. Mit Salz und Pfeffer abschmecken.

Eine beschichtete Pfanne erhitzen und darin die einzelnen Zwiebelringe zusammen mit 1 EL Olivenöl scharf anbraten. Mit Salz und Pfeffer würzen. Wenn die Ringe etwas Farbe bekommen haben, 1 TL Honig oder Ahornsirup dazugeben und alles kurz karamellisieren. Dann mit dem Essig ablöschen.

Eine zweite beschichtete Pfanne erhitzen. Wenn der Essig verdunstet ist, die erste Pfanne vom Herd nehmen und die Mischung ziehen lassen. Jetzt 3 EL

Olivenöl in die neue, heiße Pfanne geben. Den Teig mit einem Schneebesen durchrühren und dann eine Kelle davon in die heiße Pfanne geben. Die Pfanne so schwenken, dass sich der Teig gleichmäßig und dünn verteilt, dann den Fladen bei mittlerer bis hoher Temperatur ausbacken. Wenn der Fladen etwas Farbe bekommen hat, vorsichtig wenden und die andere Seite ausbacken.

Die einzelnen Fladen auf einen Teller geben, mit einem Tuch bedecken und eventuell im Ofen warm halten. Wenn alle Fladen ausgebacken sind, jeweils einen auf einen Teller geben, eine Hälfte nach Belieben mit dem Gemüse belegen und alles mit etwas Sauce beträufeln. Den Fladen zuklappen, die Balsamicozwiebeln darauf verteilen und mit etwas Sauce garnieren und servieren.

Tipps: Die Küchentür schließen und den Dunstabzug einschalten, der verdunstende Essig riecht intensiv und brennt etwas in den Augen.
Der Teig ist zerbrechlicher als normaler Pfannkuchenteig, also etwas vorsichtiger mit ihm umgehen.
Es macht auch riesigen Spaß, die Sauce, das Gemüse, die Zwiebeln und die Fladen auf dem Tisch anzurichten. Jeder kann sich seinen Fladen dann nach Belieben selbst zusammenstellen. Direkt aus der Pfanne sind die Fladen superknusprig. Wenn du etwas wartest, werden sie weicher, und man kann sie dann auch zum Wrap rollen.

Pfirsich-Mascarpone-Creme mit Zimtmandeln

Für 2–3 Portionen

Saisonale und frische Zutaten

100 g Mascarpone

200 g Sahnejoghurt

400 g reife Weinbergpfirsiche oder Nektarinen

Basiszutaten

1 unbehandelte Zitrone

Gewürze

½ TL Vanillemark oder gemahlene Vanille

2 EL Ahornsirup oder Honig

natürliches Salz

1 Prise Zimt oder schwarzer Sesam

Mit einem Handrührgerät oder Schneebesen den Mascarpone, den Joghurt, die Vanille, den Ahornsirup oder Honig und eine kleine Prise Salz sowie 1 EL fein abgeriebene Zitronenschale gut verrühren.

Die Pfirsiche nach Belieben schälen (für 30 Sekunden mit kochendem Wasser überbrühen, dann mit kaltem Wasser abschrecken und die Haut mit einem Messer abziehen) und entsteinen. Zwei Drittel des Fruchtfleischs zusammen mit einem Spritzer Zitronensaft pürieren, den Rest in 1 cm große Würfel schneiden.

Zuerst die Pfirsichwürfel, dann die Mascarponecreme, dann die Pfirsichsauce im Wechsel in dekorative Gläser schichten. Je dünner die Schichten sind, desto schöner sieht das Dessert aus!

Die geschichteten Desserts für mindestens 1–2 Stunden in den Kühlschrank geben. Vor dem Servieren mit einem Gemüseschäler etwa 1,5 cm von der Zitronenschale abschälen und diese dann mit einem Messer in hauchdünne Streifen schneiden. Die Mascarponecreme mit dem Zitronenstroh und etwas Zimt oder schwarzem Sesam garnieren und servieren.

Tipp: Besonders gut passen zu diesem Gericht noch ein paar gebrannte Zimtmandeln. Dazu 100 g Mandelsplitter in einer Pfanne mit 1 TL Zucker kurz anrösten und karamellisieren. 1 EL Wasser in die Pfanne geben. Wenn der Zucker zu schmelzen beginnt, alles sehr schnell vermengen. Dadurch benetzt der Zucker die Mandeln gleichmäßig, und man braucht nicht so viel davon. Mit einer Prise Zimt bestreuen. Die Mandeln noch 5 Minuten bei niedriger Temperatur nachtrocknen und auf einem Teller auskühlen lassen. Erst kurz vor dem Servieren auf die Creme streuen.

Vegantipp

Statt der Mascarpone-Joghurt-Mischung eine Mischung aus Sojajoghurt und Seidentofu zu gleichen Teilen mit 3 TL Cashewmus, 2 EL Kokosfett, ½ TL Vanillemark, 2 EL Agavendicksaft, ½ TL Zimt, einer Prise Zitronenschale und einer Prise Salz verwenden. Natives Kokosfett schmilzt ab etwa 24 °C, also einfach die 2 EL kurz in einem Topf erhitzen und lauwarm zu den anderen Zutaten geben. Das Kokosfett bindet die Creme schön ab, sobald alles im Kühlschrank heruntergekühlt wird.

Gebrannte Zuckeraprikosen mit Vanilleöl und Minzstroh

Für 2–3 Portionen

Saisonale und frische Zutaten
400 g reife Aprikosen

Frische Kräuter
4 Blätter frische Minze

Gewürze
1 Vanilleschote
4 EL Olivenöl
gemahlener Kardamom
gemahlener Zimt
Orangenblütenwasser
Rohrohrzucker
Fleur de Sel

Die Aprikosen halbieren, entsteinen und dann in 0,5 cm dicke Spalten schneiden. Die Vanilleschote der Länge nach halbieren und das Mark einer Hälfte mit einem Messer herauskratzen.

Das Olivenöl mit dem frischen Vanillemark, einer guten Prise Kardamom und einer kleinen Prise Zimt sowie 3 Tropfen Orangenblütenwasser vermengen und die Mischung 10 Minuten ziehen lassen.

Eine beschichtete Pfanne erhitzen, die Aprikosenspalten mit einer Prise Zucker hineingeben und mit 1 EL Vanilleöl etwa 1–2 Minuten scharf anrösten. Wenn es lecker nach gerösteten Gewürzen riecht, die Pfanne vom Herd nehmen, kurz abkühlen lassen und dann 1 weiteren EL vom Vanilleöl darüberträufeln und vermengen.

Währenddessen die Minzblätter aufeinanderlegen und der Länge nach in hauchdünne Streifen schneiden.

Die Aprikosenfilets in schönen Cocktailgläsern oder flachen Schälchen anrichten und mit etwas Minzstroh garnieren. Mit ein paar kleinen Körnern grobem Salz bestreuen und servieren.

Tipp: Wenn die Aprikosen noch lauwarm auf der Zunge zergehen, kommen alle Geschmacksnuancen am besten zur Geltung. Dieses Dessert ist ganz puristisch und gleicht schon fast einer Geschmacksschulung. Wem das zu simpel ist: Kombiniert mit Sahneeis, schmeckt das Ganze natürlich auch hervorragend.

Herbst

Pastinaken-Sellerie-Salat mit Kürbis und Pflaumenvinaigrette

Für 2–3 Portionen

Saisonale und frische Zutaten

250 g Hokkaido- oder Butternutkürbis
100 g Pastinaken, geschält
100 g Sellerie, geschält
6 Zwetschgen oder Pflaumen

Basiszutaten

1 kleine Zwiebel
1 TL weißes Mandelmus

Frische Kräuter

2 Zweige frische Petersilie

Gewürze

4 EL Sesamöl, angeröstet
1 TL Ahornsirup
natürliches Salz
1 Prise Chilipulver
1 Prise Vanillemark oder gemahlene Vanille
schwarzer Pfeffer aus der Mühle
¼ TL gemahlener Zimt
1 EL Rohrohrzucker
1 Prise gemahlene Gewürznelke
2 EL weißer Balsamicoessig
2 EL neutrales Öl oder Bratöl
3 Tropfen Rosenblütenwasser
1 TL Olivenöl
1 TL Sesam, angeröstet

Den Kürbis entkernen und in 0,5 cm dicke, gleichmäßige Spalten schneiden. Die Pastinaken und den Sellerie in 5 cm lange und etwa 0,3 cm dicke Streifen schneiden. Die Zwiebel fein würfeln, die Petersilie mit Stängeln fein schneiden.

Das Sesamöl mit dem Ahornsirup, einer Prise Salz, dem Chilipulver, der Vanille und einer Prise Pfeffer vermengen und die Kürbisspalten in der Mischung einlegen. Die Pastinaken- und die Selleriestreifen mit je ½ TL Salz und Zucker marinieren. Zugedeckt ziehen lassen.

Die Zwetschgen achteln. In einem kleinem Topf den Zimt, den Zucker, das Nelkenpulver, Salz und Pfeffer kurz anrösten, bis der Zucker anfängt goldgelb zu karamellisieren. Die Zwetschgen- und die Zwiebelwürfel dazugeben und alles gut vermengen. Bei mittlerer Temperatur 5 Minuten einköcheln lassen. Anschließend alles mit einem Stabmixer pürieren, nach Belieben durch ein Sieb streichen und mit Salz, Zucker, 1 TL Essig, dem neutralen Öl, dem Rosenblütenwasser und etwas Pfeffer abschmecken. Noch einmal mit dem Mixer durcharbeiten, dann auf eine cremig dicke Konsistenz einkochen und anschließend ohne Wärmezufuhr ziehen lassen.

Die marinierten Kürbisspalten in einer beschichteten Pfanne 2 Minuten scharf anbraten, bis etwas Farbe entsteht, dann die restliche Marinade dazugeben und alles bei niedriger Temperatur 5 Minuten ziehen lassen, dabei regelmäßig wenden. Die Sellerie- und die Pastinakenstreifen mit der Petersilie, 1 EL Essig, dem Olivenöl und Salz und Pfeffer nach Belieben abschmecken und vermengen.

Die bissfest gegarten Kürbisspalten auf Tellern stapeln und den Pastinakensalat darauf anrichten. Etwas Pflaumenvinaigrette auf die Teller streichen, den Sesam über den Salat streuen und servieren.

Tipps: Kürbis immer zunächst halbieren und dann mit einem Esslöffel die Kerne herausschaben. Je weiter vorne man den Löffel hält, desto leichter ist es. Butternut-, Hokkaido- und Pattisonkürbisse können mitsamt Schale gekocht und gegessen werden. Das spart Arbeit und bringt mehr Nährstoffe ins Essen, denn die sitzen gerne in der Schale.
Zum Anrichten dieses Salats am besten einfach die Hände benutzen. Beim Aufsetzen auf den Kürbis mit der Hand eine leichte Drehung machen.

Vorspeise – 40 Minuten (mit frischen Maronen)

Rote-Bete-Suppe mit gebrannten Maronen und Zimtcroûtons

Für 2–3 Portionen

Saisonale und frische Zutaten
400 g Rote Bete, geschält
100 g Maronen
100 ml Milch

Basiszutaten
2 kleine Zwiebeln
1 Knoblauchzehe
100 g Bauernbrot oder Baguette
3 EL weißes Mandelmus
1 unbehandelte Zitrone

Frische Kräuter
1 Zweig frische Petersilie
8 Blätter frische Minze

Gewürze
6 EL Bratöl
1 TL gemahlener Kreuzkümmel
natürliches Salz
Rohrohrzucker
schwarzer Pfeffer aus der Mühle
750 ml milde Gemüsebrühe
2 Prisen Vanillemark oder gemahlene Vanille
½ TL Zimt
1 Prise Chilipulver
1 EL Honig oder Ahornsirup
1 TL weißer Balsamicoessig
5 Tropfen Orangenblütenwasser

Die Zwiebeln grob würfeln. Den Knoblauch in Scheiben und das Brot in 1 cm große Würfel schneiden. Die Roten Bete in 0,5–1 cm große Würfel schneiden. 5–6 Petersilienblätter in dünne Streifen schneiden.

In einem Topf 3 EL Bratöl erhitzen und darin die Zwiebelwürfel mit dem Kreuzkümmel und je einer Prise Salz, Zucker und Pfeffer anbraten. Sobald die Zwiebel glasig ist, die Rote-Bete-Würfel dazugeben und alles kurz scharf anbraten. Mit 500 ml Gemüsebrühe aufgießen. Mit dem Kochlöffel den Röstsatz vom Topfboden lösen. Die Mischung mit einer kleinen Prise Vanille würzen und alles 20 Minuten bei mittlerer Temperatur bei geschlossenem Deckel köcheln lassen.

In einer Pfanne 3 EL Bratöl erhitzen. Das Öl mit einer guten Prise Zimt und je einer Prise Salz, Chilipulver und Pfeffer würzen. Die Brotwürfel dazugeben, alles gut durchschwenken und bei niedriger bis mittlerer Temperatur gleichmäßig 10 Minuten knusprig rösten. Sobald die Croûtons schön kross sind, mit Salz, Pfeffer und Zimt abschmecken und warm halten. Das Zimtaroma sollte nur dezent zu schmecken sein.

Eine kleine Pfanne erhitzen und die Maronen zusammen mit dem Honig oder Ahornsirup und je einer Prise Salz und Vanille karamellisieren. Wenn der Honig oder Ahornsirup alle Maronen gleichmäßig benetzt und diese goldbraun gefärbt hat, auf einen Teller geben.

Wenn die Rote-Bete-Würfel sehr weich sind, 1 EL Mandelmus dazugeben und alles mit einem Stabmixer zu einer sämigen Suppe pürieren. Nach Belieben zur Änderung der Konsistenz noch etwas Brühe nachgießen und alles mit Salz, Pfeffer, dem Essig, dem Orangenblütenwasser und einer Prise Kreuzkümmel abschmecken.

Die Milch kurz mit der Minze aufkochen. In einen kleinen Messbecher füllen. 1 EL Mandelmus und ½ TL abgeriebene Zitronenschale dazugeben und alles mit dem Stabmixer pürieren. Mit etwas Salz würzen. Die Suppe in Teller oder Schüsseln geben und mit ein paar Croûtons, den Petersilienstreifen, den Maronen und dem Sahne-Minz-Schaum garnieren und servieren. Die restlichen Croutons und Maronen separat in einer Schale dazu servieren.

Tipps: Je kleiner die Würfel sind, desto schneller garen die Roten Beten. Einweghandschuhe helfen gegen Verfärbungen an den Händen.
Anstelle des Kreuzkümmels kannst du vor dem Pürieren auch 2 EL frisch geriebenen Meerrettich dazugeben und vor dem Servieren etwas frisch über die Suppe reiben.
Wenn es schneller gehen soll, schmeckt die Suppe auch nur mit Croûtons superlecker. Eine weitere schnelle Variante sind natürlich schon fertig gekochte Maronen. Gegen frische Maronen verlieren diese beiden Varianten allerdings um Welten. Der Aufwand lohnt sich wirklich!

Frische Maronen am besten auf der bauchigen Seite mit einem sehr scharfen Messer kreuzweise einschneiden und den Schnitt bis zur Kante ziehen. Dabei darauf achten, nur die Schale einzuschneiden. Dann die Maronen im Wasser 10 Minuten einweichen. Eine ofenfeste Schale mit Wasser auf den Boden des Backofens setzen und diesen auf 210 °C (Ober- und Unterhitze) vorheizen. Die Maronen aus dem Wasser nehmen, auf ein Backblech geben und im vorgeheizten Backofen 20–25 Minuten dampfgaren. Nach 20 Minuten eine herausholen und testweise öffnen. Wenn sich die Schale gut lösen lässt und die Marone durch ist und schmeckt, das Backblech herausnehmen und 2 Minuten mit einem angefeuchteten Tuch bedecken. Anschließend die Maronen schälen und wieder mit dem feuchten Tuch abdecken.
Man kann die Maronen natürlich auch kochen, statt sie zu »backen«, dann besteht allerdings die Gefahr, dass sie sich leicht gräulich verfärben.

Bayerische Schwammerlsuppe mit Semmelknödeln

Für 3–4 Portionen

Knödel

Saisonale und frische Zutaten

220 ml Milch

3 Eier

Basiszutaten

250 g trockenes Weißbrot oder Knödelbrot, gewürfelt

2 Zwiebeln

Mehl

Semmelbrösel

Frische Kräuter

½ Bund frische Petersilie

Gewürze

natürliches Salz

1 Prise geriebene Muskatnuss

schwarzer Pfeffer aus der Mühle

Bratöl

Für die Knödel die Milch erhitzen, mit 1 TL Salz, der Muskatnuss und einer guten Prise Pfeffer würzen und über das Knödelbrot gießen. Die Zwiebeln fein würfeln. Zwei Drittel der Zwiebeln in einer Pfanne in etwas Öl glasig braten. 10 Zweige Petersilie fein hacken, dazugeben und mitbraten, dann die Mischung zum Knödelbrot geben. Alles locker vermengen und 20 Minuten ziehen lassen.

Wenn die Knödelmasse nur noch lauwarm ist, die Eier und 1 EL Mehl dazugeben und alles luftig und gut vermengen. In einem großen Topf Wasser erhitzen. Sollte der Teig noch zu klebrig sein, etwas Mehl und Semmelbrösel einarbeiten, bis er eine gut formbare Konsistenz erreicht hat. Falls die Masse zu trocken ist, etwas Milch dazugeben.

Wenn das Wasser kocht, mit 1 EL Salz würzen, dann die Temperatur reduzieren, bis es nur noch simmert und nicht mehr sprudelt. Mit leicht feuchten Händen einen Testknödel rollen und ins Wasser geben. Wenn dieser zusammenhält, die restlichen Knödel rollen und auf einem leicht feuchten Schneidebrett zwischenlagern. Falls der Testknödel auseinanderfällt, die Konsistenz mit Mehl und Semmelbröseln korrigieren.

Dann die Knödel vorsichtig so in den Topf geben, dass sie nicht übereinanderliegen. Etwa 20 Minuten im simmernden Wasser ziehen lassen, dabei immer darauf achten, dass das Wasser aufwallt.

Knödel vegan

Basismasse

250 g trockenes Weißbrot oder Knödelbrot, gewürfelt

200–250 ml Sojamilch

3 gehäufte EL Sojamehl

2–4 EL Mehl

Die Basismasse mit den Gewürzen, den glasig angebratenen Zwiebelwürfeln sowie der Petersilie zubereiten, wie oben beschrieben. Hier ist es noch wichtiger, dass das Wasser nicht sprudelnd kocht! Nach 25 Minuten sind die Knödel durch. Geschmacklich ist hier wirklich kein Unterschied zum Original zu spüren.

Suppe

Saisonale und frische Zutaten

150 g Pfifferlinge
100 g Steinpilze
150 g Kräutersaitlinge
150 g Shiitakepilze

Basiszutaten

1 Zwiebel
1 Knoblauchzehe, gehackt
3 EL Mehl
3 EL weißes Mandelmus

Frische Kräuter

½ Bund Petersilie

Gewürze

2 EL Bratöl
1 TL Zucker
1 TL Kümmelsamen
500 ml milde Gemüsebrühe
natürliches Salz
schwarzer Pfeffer aus der Mühle
1 Prise geriebene Muskatnuss
2–3 EL weißer Essig

In der Zwischenzeit für die Suppe die Pilze in 0,5 cm dicke Scheiben schneiden. Die Zwiebel würfeln und in einem Topf in dem Öl scharf anbraten. Wenn etwas Farbe entsteht, die Pilze, den Zucker und den gemörserten Kümmel dazugeben. Alles kurz durchschwenken, dann mit der Gemüsebrühe und zusätzlich 500 ml Wasser aufgießen. Mit einem Kochlöffel den Röstsatz vom Topfboden lösen. 1 TL Salz, 5 Zweige gehackte Petersilie und den Knoblauch dazugeben und alles 10 Minuten bei geschlossenem Topfdeckel köcheln lassen.

Anschließend in einem Glas 200 ml kaltes Wasser mit dem Mehl verquirlen und die Mischung mit dem Schneebesen in die kochende Suppe einrühren, bis diese andickt und leicht sämig wird. Mit Salz, Pfeffer, Muskatnuss und Essig nach Belieben abschmecken und ohne Deckel weitere 10 Minuten köcheln lassen.

Sobald die Knödel fertig sind, aus dem Wasser nehmen und kurz abtropfen lassen. Das Mandelmus in die Suppe einrühren und diese noch einmal mit Salz, Pfeffer, Zucker und Essig abschmecken. Die Suppe in Teller füllen. Jeweils einen Knödel in die Mitte setzen und aufreißen. Nach Belieben mit etwas Petersilie garnieren.

Kürbis-Rosinen-Curry mit Joghurt und Reis

Für 2–3 Portionen

Saisonale und frische Zutaten
400 g Kürbis (Hokkaido oder Butternut)
200 g Sahnejoghurt

Basiszutaten
120 g Reis
2 kleine Zwiebeln
3 EL Rosinen

Frische Kräuter
1 Stück (3 cm) frischer Ingwer, geschält

Gewürze
1 kleine frische rote Chilischote (nach Belieben)
2 EL Sesamöl Natur
1 EL indisches Currypulver
1 Prise Chilipulver
1 Prisc Rohrohrzucker
natürliches Salz
schwarzer Pfeffer aus der Mühle
300 ml milde Gemüsebrühe

Den Reis gemäß dem Zubereitungstipp auf Seite 43 garen. Den Kürbis waschen, mit einem Löffel entkernen und in 1 cm große Stücke schneiden. Die Zwiebeln in feine Würfel schneiden. Die Rosinen in einer Tasse mit kochendem Wasser übergießen und ziehen lassen. Den Ingwer in sehr feine Würfel schneiden. Die Chilischote, falls verwendet, in Ringe schneiden.

In einer Pfanne das Sesamöl erhitzen. Das indische Currypulver, die Chilischote und je eine Prise Chilipulver, Zucker, Salz und Pfeffer zusammen mit den Zwiebelwürfeln bei mittlerer Temperatur anschwitzen. Nach 3 Minuten Ingwer und Kürbiswürfel dazugeben und alles scharf anbraten. Mit der milden Gemüsebrühe ablöschen. Bratansatz mit dem Kochlöffel vom Boden lösen. Das Rosinenwasser abgießen und die Rosinen zu der Currymischung geben.

Das Curry bei mittlerer Hitze etwa 10 Minuten sanft köcheln lassen, bei Bedarf etwas Brühe nachgießen, sodass eine cremig dicke Sauce entsteht. Mit Salz, Pfeffer, Zucker und Currypulver abschmecken.

Wcnn der Kürbis gar ist, die Pfanne vom Herd nehmen und alles weitere 5 Minuten ziehen lassen. Zügig die Hälfte des Joghurts in das Curry einrühren.

Das Curry noch einmal abschmecken und dann zusammen mit dem Reis und etwas zusätzlichem Joghurt servieren!

Tipp: Das Curry recht intensiv würzen, denn der Joghurt mildert enorm.
Das Gericht muss zuerst immer ein wenig abkühlen, bevor man den Joghurt einrühren kann, sonst kann dieser ausflocken. Schnelles Einrühren verhindert das Ausflocken ebenfalls.

Vegantipp

Sahnejoghurt kann mit Sojajoghurt ersetzt werden. Um den Sojajoghurt noch etwas cremiger zu machen, gebe ich 1 TL Mandel- oder Cashewmus dazu.

Rote Käsnocken mit Salbeibutter

Für 3–4 Portionen

Saisonale und frische Zutaten
600 g Rote Bete, geschält
125 g Greyerzer oder würziger Bergkäse
125 g Emmentaler
40 g Butter
4 Eier
50 g Montello, fein gerieben

Basiszutaten
2 kleine Zwiebeln, geschält
350 g altes Weißbrot oder Knödelbrot
4 EL Semmelbrösel
5 EL Mehl

Frische Kräuter
6 Zweige frische Petersilie
8 Blätter frischer Salbei

Gewürze
1 EL Bratöl
natürliches Salz
schwarzer Pfeffer aus der Mühle
1 Prise geriebene Muskatnuss
Rohrohrzucker
125 ml milde Gemüsebrühe

Die Roten Beten in 0,5 cm große Würfel schneiden und dann in 1 l Wasser bei geschlossenem Topfdeckel 30 Minuten köcheln lassen. Die Zwiebeln in sehr feine Würfel schneiden, die Petersilie fein hacken, den Greyerzer oder Bergkäse und den Emmentaler in 0,5 cm große Würfel schneiden, das Brot in 1 cm große Würfel schneiden.

Die Zwiebeln in einer Pfanne in etwas Öl glasig braten und zusammen mit der gehackten Petersilie zu dem Knödelbrot geben. Wenn die Roten Beten schön weich sind, das Wasser abgießen und auffangen. Dann die Würfel und 200 ml von dem Kochwasser mit einem Stabmixer sämig pürieren. Mit 1 TL Salz und einer guten Prise Pfeffer und der geriebenen Muskatnuss abschmecken. Die »Rote-Bete-Suppe« über das Knödelbrot gießen und alles mit einem Kochlöffel kurz und locker durchrühren. Die Masse etwa 10 Minuten ziehen lassen.

In einem kleinen Topf die Butter erhitzen. Den Salbei dazugeben, aufkochen lassen und dann alles bei niedriger Temperatur ziehen lassen, bis eine leicht bräunliche Nussbutter entsteht. Mit etwas Salz und Pfeffer würzen. In einem großen Topf Wasser erhitzen.

Sobald die Knödelmasse etwas durchgezogen und abgekühlt ist, die 4 Eier aufschlagen, verquirlen und zusammen mit den Käsewürfeln, den Semmelbröseln, dem Mehl und dem Montello zu der Knödelmasse geben. Alles wieder so locker wie möglich mit dem Kochlöffel vermengen. Sollte der Teig noch zu klebrig sein, etwas mehr Mehl einarbeiten, bis eine gut formbare Konsistenz erreicht ist. Falls die Masse zu trocken ist, etwas »Rote-Bete-Suppe« dazugeben.

Wenn das Wasser kocht, mit 1 EL Salz würzen, dann die Temperatur reduzieren, bis es nur noch simmert und nicht mehr sprudelt. Das ist wichtig, damit zum einen die Nocken nicht auseinanderfallen, zum anderen die Farbe nicht zu stark ausbleicht. Hat die Testnocke gehalten, alle Nocken rollen und auf einem leicht feuchten Schneidebrett ablegen. Dann die Nocken vorsichtig in den Topf geben und so verteilen, dass sie nicht übereinanderliegen.

Die Nocken 15–20 Minuten ziehen lassen, dabei immer darauf achten, dass die Temperatur knapp unter dem Siedepunkt liegt, sodass das Wasser nicht aufwallt. Die Farbe wird äußerlich etwas verblassen, im Inneren der Nocken bleibt sie aber intensiv. Um das Verblassen ein wenig zu verhindern, kann man die Nocken auch im Kochwasser der Roten Beten kochen.

Die fertig gegarten Nocken, aus dem Wasser nehmen, kurz abtropfen lassen und auf Tellern anrichten. Am besten ein bis zwei Nocken der Länge nach aufschneiden mit etwas Montello bestreuen, mit der Salbeibutter beträufeln, mit dem Salbei garnieren und servieren.

Tipps: Um sicher zu gehen, dass der Teig zusammenhält, muss man sich auf sein Gespür verlassen, da jedes Rezept für Knödelteig von vielen Faktoren abhängt, die nicht genau kalkulierbar sind. Das fängt beim Trockenheitsgrad des Brotes an, geht über die Größe und Konsistenz der Eier bis hin zur Wetterlage. Am besten immer mit feuchten Händen eine Testnocke rollen, diese ins simmernde, aber nicht siedende Wasser geben und 5 Minuten warten, ob alles zusammenhält. Falls nicht, einfach mit mehr Mehl korrigieren, bis es passt. Die 5–6 cm großen Nocken immer mit frisch angefeuchteten Händen rollen, dabei darauf achten, die Oberfläche zu versiegeln.
Das Gericht ist einfach so als Vorspeise klasse, aber auch mit einem schönen Salat als Hauptgang ein tolles Essen für die ersten kalten Tage.

Vegantipp

Ich habe viel experimentiert und bin zu dem Schluss gekommen, dass dieses Gericht in vegan einfach nicht zufriedenstellend funktioniert. Der Geschmacksgeber in diesem Gericht ist vor allem der Käse, ohne ihn schmeckt es einfach nur mittelmäßig, und das reicht mir nicht.
Diese etwas andere Variante erfüllt meine Erwartungen aber zu 100 Prozent:

100 g Räuchertofu in 0,5 cm große Würfel schneiden. In einer Pfanne mit 2 EL Bratöl, Salz und Pfeffer knusprig anbraten. Den Tofuspeck zu der Knödelmasse (siehe Seite 126) geben und aus dem Teig Nocken formen. Nach dem Garen der Länge nach aufreißen, mit pflanzlicher Salbeibutter beträufeln und mit dem veganen Parmesanersatz bestreuen.

Kürbis-Maronen-Eintopf mit Safran und Räuchertofu

Für 2–3 Portionen

Saisonale und frische Zutaten
100 g Maronen (frisch oder vorgegart)
200 g Hokkaido- oder Butternutkürbis
50 g Sellerie
50 g Pastinaken
100 g Pilze (Steinpilze und/oder Pfifferlinge und/oder Champignons), geputzt
100 g Räuchertofu

Basiszutaten
1 Zwiebel

Frische Kräuter
2 Zweige frische Petersilie
1 Zweig frischer Rosmarin

Gewürze
3 EL Bratöl
Rohrohrzucker
1 Prise Chilipulver
natürliches Salz
schwarzer Pfeffer aus der Mühle
½ TL gemahlener Koriander
15 Safranfäden
1 Prise geriebene Muskatnuss
400 ml Gemüsebrühe

Die Maronen garen, wie auf Seite 123 beschrieben. Den Kürbis schälen und in 2 cm große Würfel schneiden, den Sellerie in 0,5 cm große Würfel schneiden, die Pastinaken der Länge nach halbieren und die Hälften im 45-Grad-Winkel in schmale Spalten schneiden. Die Pilze in 0,5 cm dicke Scheiben schneiden. Die Zwiebel fein würfeln. Den Tofu in 1 cm große Würfel schneiden. Die Petersilie mit Stängeln fein schneiden. 1 EL Rosmarinnadeln vom Zweig ziehen und ebenfalls fein hacken.

In einem Topf das Bratöl erhitzen und darin die Zwiebeln zusammen mit dem Rosmarin, einer Prise Zucker, dem Chilipulver, je einer Prise Salz und Pfeffer, dem gemahlenen Koriander und den zerriebenen Safranfäden glasig braten. Den Sellerie und die Pastinaken dazugeben und alles 1 Minute scharf anbraten. Mit der Gemüsebrühe und 400 ml heißem Wasser aufgießen. Den Röstsatz mit einem Kochlöffel vom Boden lösen, die Kürbiswürfel dazugeben und alles 7–8 Minuten mit offenem Deckel bei mittlerer Temperatur köcheln lassen.

In einer Pfanne 1 EL Bratöl erhitzen und darin die Tofuwürfel bei mittlerer Temperatur gleichmäßig etwa 5 Minuten anbraten. Wenn die Tofuwürfel etwas Farbe bekommen haben, zusammen mit der Petersilie, den Maronen und den Pilzen zu dem Eintopf geben und alles mit einer Prise Salz, frisch geriebener Muskatnuss und Pfeffer abschmecken. Alles weitere 10 Minuten bei niedriger Temperatur zugedeckt ziehen lassen. Noch einmal mit Salz, Pfeffer und Zucker abschmecken.

Den Eintopf auf Teller oder in Suppenschüsseln geben, mit etwas Rosmarin garnieren und servieren.

Tipp: Wenn du den Eintopf etwas sahniger und deftiger machen möchtest, gib noch 2 EL Mandelmus oder einen Schuss Sahne pro Portion dazu.

Kürbis-Tofu-Cordon-Bleu mit Pastinaken-Basilikum-Creme

Für 2–3 Portionen

Saisonale und frische Zutaten

100 g Pastinaken, geschält
200 g Knollensellerie, geschält
1 Butternutkürbis mit langem, breitem Hals
100 g Greyerzer oder würziger Bergkäse
100 g saftiger Räuchertofu
2 Eier
30 g Butter

Basiszutaten

1 Knoblauchzehe, halbiert
100 g Semmelbrösel
4 EL Mehl
1 unbehandelte Zitrone
1 EL weißes Mandelmus

Frische Kräuter

2 Blätter frischer Salbei
2 Zweige frischer Thymian
2 Zweige frische Petersilie
15 Blätter frisches Basilikum

Gewürze

10 EL Bratöl
1 Prise Rohrohrzucker
1 Prise Chilipulver
natürliches Salz
schwarzer Pfeffer aus der Mühle
Senf
6 EL Olivenöl
1 Prise geriebene Muskatnuss

Die Pastinaken und den Sellerie in 0,5 cm große Würfel schneiden und etwa 15 Minuten mit Dämpfeinsatz oder in 5 cm Wasser im Topf garen. Den Hals des Butternutkürbis am Bauchansatz abschneiden, das obere Ende ebenfalls. Der Länge nach 1 cm dicke »Schnitzel« zuschneiden.

Eine Pfanne mit 2 EL Bratöl erhitzen und darin die Knoblauchhälften, den Zucker, das Chilipulver und die Salbeiblätter 1 Minute anbraten. Die Kürbisscheiben dazugeben, mit Salz und Pfeffer würzen und von beiden Seiten anbraten. Sobald etwas Farbe entsteht, 200 ml Wasser dazugeben und kurz aufkochen lassen. Dann die Temperatur reduzieren und alles bei geschlossenem Topfdeckel etwa 10 Minuten fertig gar ziehen lassen.

Den Käse und den Tofu in dünne Scheiben schneiden. Die Thymianblätter von den Zweigen abziehen. Jetzt die Panierstation aufbauen: Die Eier mit etwas Salz, Pfeffer und Senf verquirlen und in einen tiefen Teller geben. Auf einen anderen Teller die Semmelbrösel und auf einem dritten das Mehl verteilen.

Wenn das Gemüse weichgekocht ist, 100 ml von dem Kochwasser beim Abgießen auffangen und dann Sellerie- und Pastinakenwürfel zusammen mit dem Olivenöl, der Petersilie, dem Basilikum, 1 TL Zitronensaft, etwas abgeriebener Zitronenschale, der Hälfte des Kochwassers und dem Mandelmus mit einem Stabmixer zu einer cremigen und glatten Mousse pürieren. Nach Bedarf noch mehr von dem Kochwasser dazugeben. Mit Salz, Pfeffer und frisch geriebener Muskatnuss abschmecken, den Deckel schließen und alles warm halten.

Wenn der Kürbis bissfest gegart ist, eine Scheibe auf das Schneidebrett legen, dann mit Käse, etwas Thymian und Tofu belegen und mit einer zweiten Kürbis-

scheibe abschließen. Wichtig ist, dass der Kürbis noch heiß ist, damit der Käse anfängt zu schmelzen und alles zusammenhält. Das Ganze von allen Seiten und Kanten zuerst ins Mehl drücken, abstauben, dann durch die Eier ziehen und zum Schluss in den Semmelbröseln wälzen. Wenn alles paniert ist, 8 EL Bratöl und die Butter in einer großen Pfanne erhitzen. Mit Salz und Chilipulver würzen. Sobald das Öl heiß ist, die Cordon Bleus hineingeben und von beiden Seiten knusprig braten. Dann aus der Pfanne nehmen und auf einem Küchentuch abtropfen lassen.

Das Püree nochmals mit Salz, Pfeffer und Olivenöl abschmecken und mit einem Löffel jeweils ein paar Nocken auf die Teller setzen. Das Cordon Bleu schräg aufschneiden und daneben anrichten. Mit ein paar frischen Kräutern garnieren und servieren!

Vegantipp

Veganes Panieren ohne Ei ist ganz leicht und geschmacklich kaum von der herkömmlichen Art zu unterscheiden. Dafür nimmst du einfach 4 EL Kichererbsenmehl, einer Prise Salz, Pfeffer und ½ TL Kurkuma. Alles mit 8-10 EL Wasser anrühren, bis ein dickflüssiger Teig entsteht. Die Kürbis-Cordon-Bleus zuerst im Mehl wenden, dann von allen Seiten gut in den Kichererbsenteig eintauchen und in den Bröseln wälzen. Nach einem Panierdurchgang gleich braten. Die Butter beim Anbraten einfach durch pflanzliche Butter ersetzen und den Käse nach Belieben durch pflanzlichen Schmelzkäse.

Hot-Chili-Baguette mit Kräuterjoghurt

Für 2–3 Portionen

Saisonale und frische Zutaten

150 g Hokkaido- oder Butternutkürbis
50 g Pastinaken
50 g Sellerie
100 g Pilze
100 g Joghurt (Soja oder Sahnejoghurt)

Basiszutaten

50 g Sojagranulat
1 große Zwiebel
3 Knoblauchzehen
1 unbehandelte Zitrone
1 Dinkel- oder Weizenbaguette
500 g Tomaten (stückige aus der Dose)
150 g Kidneybohnen (aus der Dose)

Frische Kräuter

3 Zweige frische Petersilie
3 Zweige frisches Koriandergrün

Gewürze

200 ml kräftige Gemüsebrühe
1 frische rote Chilischote
1 EL Olivenöl
natürliches Salz
2 TL Zucker
schwarzer Pfeffer aus der Mühle
3 EL Bratöl
2 EL Tomatenmark
1 TL gemahlener Kreuzkümmel
1 EL getrockneter Oregano

Die Gemüsebrühe in einem Topf aufkochen und das Sojagranulat nach Packungsanleitung zugeben, darin kurz aufkochen, 10 Minuten ziehen und dann abtropfen lassen. Den zuvor entkernten Kürbis, die Pastinaken und den Sellerie in 0,5 cm große Würfel schneiden. Die Zwiebel grob würfeln, die Petersilie und den Koriander mit Stängeln fein schneiden und zwei der Knoblauchzehen und die Chilischote in Scheiben schneiden. Die Pilze in 0,5 cm dicke Scheiben schneiden.

1 TL von der Zitronenschale fein abreiben und zusammen mit dem Joghurt, dem Olivenöl, den frischen Kräutern, ½ TL Salz und je einer Prise Zucker und Pfeffer vermengen, mit einem Stabmixer pürieren und ziehen lassen.

In einem Topf das Bratöl erhitzen und darin das Tomatenmark 1 Minute scharf anrösten. Den Knoblauch, die Zwiebel-, Pastinaken- und Selleriewürfel, die Chilischote, eine Prise Pfeffer, den Kreuzkümmel und 1 TL Zucker dazugeben und alles 1 weitere Minute anbraten. Wenn sich auf dem Topfboden etwas Röstsatz bildet, alles mit der heißen Gemüsebrühe ablöschen, den Röstsatz vom Boden lösen, die Pilze dazugeben und alles 10 Minuten bei mittlerer Temperatur mit geschlossenem Deckel köcheln lassen.

Das Baguette halbieren, den weichen Kern herauskrümeln und den Ofen auf 150 °C (Umluft) vorheizen. Die Baguettehälften aufs Gitter legen und 10–15 Minuten knusprig backen.

Den Tomatensugo, 1 TL Zitronensaft und die mit Wasser abgespülten Bohnen in den Topf geben. Alles mit 1 TL Salz, einer Prise Pfeffer und dem Oregano würzen. Für weitere 20 Minuten bei niedriger Temperatur köcheln lassen. Regelmäßig umrühren. Wenn das Baguette auf der Oberseite knusprig ist, warm halten, bis das Chili fertig ist.

Das Sojagranulat mit ins Chili geben und alles erneut mit Oregano, Kreuzkümmel, Salz, Zucker, Chilipulver und Pfeffer abschmecken. Den Kräuterjoghurt mit Salz und Pfeffer abschmecken. Dann das Baguette auf der Oberseite mit der restlichen Knoblauchzehe abreiben und mit dem Chili füllen. Mit etwas Kräuterjoghurt beträufeln und servieren.

Tipp: Der klassische Chiligeschmack kommt von Kreuzkümmel, Oregano und Chili. Das Anrösten potenziert den Geschmack. Optimal wird das Chili, wenn es mindestens 45 Minuten bei niedriger Temperatur ziehen durfte. Wenn du einen kräftigen Schuss Kaffee und Gewürze mit Raucharomen wie geräuchertes Salz oder Paprikaflocken dazugibst, ist der Geschmack von Chili con Carne zu 100 % erreicht. Das Gericht kannst du in jeder Saison kochen. Wichtig ist nur immer ein Basisanteil von Wurzelgemüsen.

Nachspeise – 30 Minuten + 60 Minuten Ruhezeit

Vermicelle mit heißem Zwetschgenkompott und Sahne

Für 2–3 Portionen

Saisonale und frische Zutaten

200 ml Schlagsahne
300 g frische oder 150 g vorgegarte Maronen
300 g frische Zwetschgen oder Pflaumen
50 ml Milch

Basiszutaten

1 unbehandelte Zitrone
15 Nüsse (Mandeln, Cashewkerne oder Haselnüsse)

Gewürze

Rohrohrzucker
½ TL gemahlener Zimt
natürliches Salz
3 Gewürznelken
½ TL Vanillemark oder gemahlene Vanille
½ TL Rosenblütenwasser

Vegantipp

Statt der »normalen« Schlagsahne kann Soja- oder Kokossahne verwendet werden. Alternativ 2 Dosen Kokosmilch über Nacht im Kühlschrank durchkühlen. Dann das fest gewordene Kokosfett mit dem Löffel abheben und mit 1 TL Zucker verquirlen. Die Kokossahne noch mal 1 Stunde in den Kühlschrank geben.

Die Sahne steif schlagen, dabei gegen Ende 1 TL Zucker unterrühren. Kühl stellen.

Frische Maronen auf der bauchigen Seite kreuzweise einschneiden und 6–7 Minuten in Wasser garen. Kalt abschrecken, inklusive dünner Innenhaut schälen und weitere 20 Minuten in leicht gesalzenem Wasser kochen.

Die Zwetschgen halbieren und entkernen. Einen Topf erhitzen und darin 2 EL Zucker bei mittlerer Temperatur karamellisieren lassen. Wenn der flüssige Zucker goldgelb ist, den Zimt und die Zwetschgen dazugeben. Alles mit einer Prise Salz und den Gewürznelken würzen, gut vermengen und 10 Minuten köcheln lassen. Regelmäßig umrühren.

Die Maronen zusammen mit dem Vanillemark, dem Rosenblütenwasser, 1 TL Zitronensaft, 2 EL Zucker und der Milch mit dem Stabmixer zu einer sämigen Masse pürieren. Mit Zucker und Rosenblütenwasser abschmecken. Wenn die Masse zu zäh ist, ein bisschen mehr Milch dazugeben. Bei Verwendung von vorgegarten Maronen aus dem Vakuumbeutel, diese vor der weiteren Verarbeitung 5 Minuten aufkochen, dann lassen sie sich leichter pürieren.

Die Maronenmasse 1 Stunde kühl stellen. Das Zwetschgenkompott mit Zucker und Zimt abschmecken, die Nelken entfernen und alles zugedeckt ziehen lassen. Die Nüsse grob hacken, in einer Pfanne kurz anrösten. Nach Belieben auch karamellisieren.

Zum Anrichten das Zwetschgenkompott kurz erhitzen. Je 3 EL geschlagene Sahne mittig auf einen Teller setzen. Mit einer Kartoffelpresse die Maronencreme à la Spaghettieis darauf drücken und das Ganze mit einem Klecks Sahne und den Mandeln garnieren. Etwas Zwetschgenkompott auf jeden Teller geben, den Rest separat dazu servieren.

Nachspeise / 20 Minuten

Omas saftige Zwetschgenpfannkuchen

Für 3–4 Portionen

Saisonale und frische Zutaten

300 g frische Zwetschgen oder Pflaumen
3 Eier
350 ml Milch

Basiszutaten

200 g Dinkelmehl Typ 630

Gewürze

½ TL Vanillemark oder gemahlene Vanille
½ TL gemahlener Zimt
4 EL Rohrohrzucker
natürliches Salz
4 EL Bratöl

Die Zwetschgen halbieren, entkernen und in Achtel schneiden. Das Vanillemark, den Zimt und eine Prise Zucker sanft einmassieren und ziehen lassen.

Das Mehl in eine große Schüssel sieben. Die Eier in einem hohen Rührgefäß mit einem Schneebesen luftig aufschlagen, dann die Milch, ¼ TL Salz und 1 EL Zucker dazugeben und alles gut verquirlen.

Die Hälfte des Mehls zu der Eimischung geben und einrühren, dann die zweite Hälfte zugeben und alles klümpchenfrei verquirlen. Etwas von dem Teig zu den Zwetschgen geben, sodass alle leicht mit Teig benetzt sind.

Eine beschichtete, tellergroße Pfanne mit 2 EL Bratöl ausstreichen und erhitzen. Eine mittelgroße Schöpfkelle Teig in die Mitte der heißen Pfanne gießen und den Teig durch Schwenken der Pfanne gleichmäßig und dünn verteilen. Die Temperatur etwas reduzieren und die Zwetschgenstücke sehr schnell spiralförmig auf den noch flüssigen Pfannkuchenteig legen. Leicht andrücken.

1 EL Zucker auf den Zwetschgen verteilen. Sobald der Pfannkuchen auf der Unterseite leicht knusprig ist und Farbe bekommt, mithilfe eines flachen Topfdeckels oder Tellers wenden, damit der Pfannkuchen nicht auseinanderfällt.

Jetzt den Pfannkuchen auf der Zwetschgenseite so lange backen, bis der leicht süßliche Duft der heißen Zwetschgen aufsteigt. Kurz testen, ob die Zwetschgenseite schön saftig und knusprig braun ist. Dann mit der Zwetschgenseite nach oben auf einem Teller anrichten, nach Belieben mit Zucker und Zimt bestreuen und genießen.

Vegantipp

Hier kannst du 1 Ei mit je 1 gestrichenen EL Sojamehl (vollfett) und 4 EL Wasser ersetzen. Statt der Milch verwende ich Soja-, Dinkel- oder Hafermilch. Da das Ei für einen fluffigen Teig sorgt, verwende ich hier immer eine Prise Backpulver und statt stillem Wasser stark sprudelndes Mineralwasser. Ein Traum!

Winter

Exotische Schwarzwurzelsuppe mit Fetapralinen

Für 2–3 Portionen

Saisonale und frische Zutaten
1 unbehandelte Orange
200 g Schwarzwurzel
150 g Fetakäse

Basiszutaten
1 Zwiebel
1 unbehandelte Zitrone
1 Knoblauchzehe
200 ml Kokosmilch

Frische Kräuter
1 Stück (2 cm) frischer Ingwer
2 Zweige frische Petersilie

Gewürze
3 EL Sesamöl, natur
1 Prise Chilipulver
1 TL Honig oder Ahornsirup
½ TL gemahlener Zimt
½ l Gemüsebrühe
natürliches Salz
schwarzer Pfeffer aus der Mühle
4 EL schwarzer Sesam
4 EL weißer Sesam
1 TL rosa Pfeffer
1 Prise Vanillemark
oder gemahlene Vanille

Eine halbe Orange filetieren: Mit dem Messer die Schale einschließlich weißer Haut entfernen. Dann mit einem kleinen Messer die Filets mit zwei Schnitten aus den Kammern herauslösen. Über einer Schüssel arbeiten, um den Saft aufzufangen. Den Saft der anderen Hälfte auspressen. Die Zwiebel fein würfeln, die Schwarzwurzeln schälen und in 1 cm große Stücke schneiden.

Die Schwarzwurzelstücke in eine Schüssel mit Wasser und 3 EL Zitronensaft geben, damit sie nicht braun werden. Den Ingwer und den Knoblauch in dünne Scheiben schneiden. Die Petersilie fein schneiden. In einem Topf das Sesamöl erhitzen. Den Knoblauch, die Zwiebeln und den Ingwer darin zusammen mit dem Chilipulver, dem Honig oder Ahornsirup und dem Zimt anschwitzen. Die Schwarzwurzeln dazugeben. Alles kurz anbraten, bis sich etwas Röstsatz bildet, dann mit der Kokosmilch und der Gemüsebrühe aufgießen. Alles mit 1 TL Salz und einer guten Prise Pfeffer würzen und 10 Minuten mit geschlossenem Deckel köcheln lassen.

Den schwarzen und den hellen Sesam kurz in einer Pfanne anrösten, dann auf einem Teller abkühlen lassen. Den Fetakäse zerbröseln. Mit 5 zerkleinerten Orangenfilets und 1 EL gehackter Petersilie zu einer gleichmäßigen, sämigen Masse verkneten. Dann die Hände leicht anfeuchten und die Fetamasse zu kleinen Bällchen rollen. Den grob gemörserten rosa Pfeffer mit dem Sesam vermengen und die Fetapralinen gleichmäßig darin wälzen.

Die Suppe mit einem Stabmixer sämig pürieren und mit Salz, Pfeffer, Vanille, dem Orangensaft und Chilipulver abschmecken. 1 cm Orangenschale mit dem Gemüseschäler abziehen und in hauchdünne Streifen schneiden. Die Suppe in Teller füllen und je eine Fetapraline in die Mitte setzen. Mit Sesam, den restlichen Orangenfilets und den Orangenzesten garnieren. Die restlichen Pralinen in einer extra Schale anrichten, um sie nach und nach in die Suppe einzulegen.

Tipp: Beim Schälen der Schwarzwurzel Einweghandschuhe anziehen und aufpassen, dass der Saft nicht an die Kleidung kommt.

Vegantipp

Statt des Fetakäses gekochte Kichererbsen und Semmelbrösel im Verhältnis 7:3 mit den Orangen, der Petersilie, 1 TL Salz und 1 TL Zitronensaft zu einer homogenen Masse pürieren. Mit feuchten Händen zu Pralinen rollen und diese in der Sesam-Pfeffer-Mischung wälzen.

Chili-Feta auf »Vogerlspinat« mit lauwarmem Obstsalat

Für 2–3 Portionen

Saisonale und frische Zutaten

300 g Feldsalat
150 g Fetakäse
1 Apfel
1 unbehandelte Orange

Basiszutaten

1 kleine rote Zwiebel
2 Knoblauchzehen

Frische Kräuter

1 Zweig frischer Rosmarin
3 Zweige frischer Thymian
4 Blätter frischer Salbei

Gewürze

9 EL Olivenöl
1 Prise Chilipulver
1 Prise Vanillemark oder gemahlene Vanille
natürliches Salz
schwarzer Pfeffer aus der Mühle
1 Prise geriebene Muskatnuss
50 ml Gemüsebrühe
1 TL Honig oder Ahornsirup

Den Feldsalat von den Wurzelansätzen befreien und gut in kaltem Wasser waschen. Die Zwiebel fein würfeln. Feta in 1 cm große Würfel schneiden. Den Apfel nach Belieben schälen, entkernen und in etwa 1 cm dicke Spalten schneiden. Die Orange filetieren: Mit dem Messer die Schale inklusive weißer Haut entfernen. Dann mit einem kleinen Messer die Filets mit zwei Schnitten aus den Kammern herauslösen. Über einer Schüssel arbeiten, um den Saft aufzufangen. Den restlichen Saft ebenfalls herauspressen. Orangenfilets und Apfelspalten mit 1 EL Olivenöl, dem Chilipulver und der Vanille marinieren. Die Rosmarinnadeln vom Zweig abziehen und fein hacken. Den Knoblauch in dünne Scheiben schneiden. Die Thymianblätter von den Zweigen ziehen.

In einem kleinen Topf 2 EL Olivenöl erhitzen und die Zwiebelwürfel darin glasig braten. Nach etwa 2 Minuten den Knoblauch, den Feldsalat und 1 TL Thymianblätter dazugeben. Alles mit etwas Salz, Pfeffer und Muskatnuss würzen. Mit der Gemüsebrühe angießen, alles aufkochen und dann bei niedriger Temperatur mit geschlossenem Deckel 3 Minuten köcheln lassen.

In einem kleinen Topf die Apfelspalten im Orangensaft kurz aufkochen. Den Topf vom Herd nehmen, die Orangenfilets hineingeben und ziehen lassen. In einer Pfanne 2 EL Olivenöl mit 1 EL gehacktem Rosmarin, dem Honig oder Ahornsirup und je einer Prise Pfeffer und Chilipulver erhitzen. Die Pfanne vom Herd nehmen und die Fetawürfel darin schwenken. 2 Minuten ziehen lassen.

Die Salbeiblätter in 4 EL heißem Olivenöl 30 Sekunden frittieren und auf einem Küchentuch abtropfen lassen. Den »Feldspinat« etwas abtropfen lassen und mittig auf Tellern anrichten. Das lauwarme Obst drumherum verteilen. Die Fetawürfel auf den »Feldspinat« setzen und alles mit dem Salbei garnieren.

Vegantipp

Statt des Fetakäses kann man wunderbar veganen Feta oder in Zitronensaft marinierten, weichen Tofu verwenden.

Vorspeise – 20 Minuten

Vogerlsalat mit Tofuspeck und Birnen

Für 2–3 Portionen

Saisonale und frische Zutaten

150 g Räuchertofu

2 kleine Birnen, gewaschen

200 g Feldsalat, gewaschen

Basiszutaten

1 kleine rote Zwiebel

1 kleine Knoblauchzehe, geschält

1 TL weißes Mandelmus

8 Walnusshälften

Frische Kräuter

1 Zweig frischer Rosmarin

Gewürze

1 Prise Vanillemark oder gemahlene Vanille

8 EL natives Olivenöl

natürliches Salz

schwarzer Pfeffer aus der Mühle

1 Prise Rohrohrzucker

3 EL weißer Baslamicoessig

½ TL Rosenblütenwasser

1 TL edelsüßes Paprikapulver

2 TL Honig oder Ahornsirup

Die Zwiebel fein würfeln. Den Tofu in 0,5 cm große Würfel schneiden. Die Birnen nach Belieben schälen und entkernen. In zehn etwa 1 cm dicke Spalten schneiden, den Rest wie den Tofu würfeln und beides getrennt mit einer Prise Vanille und ein paar Tropfen Olivenöl vermengen. 2 TL Rosmarinnadeln fein hacken und den Knoblauch in dünne Scheiben schneiden.

Eine Pfanne mit 2 EL Olivenöl erhitzen, die Hälfte des Knoblauchs und 1 TL gehackten Rosmarin darin kurz schwenken. Die Tofuwürfel dazugeben und mit etwas Salz, Pfeffer und Zucker würzen. Alles scharf anbraten. Nach 2 Minuten die Zwiebelwürfel dazugeben. Sobald die Tofustücke goldgelb und knusprig sind, die Temperatur reduzieren und die Mischung warm halten.

Für das Dressing 6 EL Olivenöl, den Essig, das Rosenblütenwasser, ½ Knoblauchzehe, das Paprikapulver, 1 TL Rosmarin, 1 TL Honig oder Ahornsirup, das Mandelmus, 1 TL Salz und eine gute Prise Pfeffer mit dem Stabmixer pürieren. Nach Belieben mit Salz und Honig abschmecken.

Eine Pfanne erhitzen und die Walnusshälften darin kurz anrösten. Mit 1 TL Honig oder Ahornsirup karamellisieren. Die Pfanne vom Herd nehmen. Die Birnenspalten zum Erwärmen dazulegen und kurz ziehen lassen.

Den Feldsalat mit den Birnenwürfeln mischen. Zum Anrichten einen großen Klecks des Dressings links unten auf den Teller setzen. Jetzt einen Löffel mittig auf den Klecks drücken und das Dressing mit Schwung in einer Linkskurve zum oberen Tellerrand ziehen. Die Salat-Birnen-Mischung rechts daneben setzen. Ein paar Birnenspalten auffächern und den Tofuspeck und die Walnüsse großzügig über dem Salat verteilen.

Vorspeise – 20 Minuten

Rosenkohl-Apfel-Bruschettas mit Mandel-Zimt-Sauce

Für 2–3 Portionen

Saisonale und frische Zutaten

100 g Rosenkohl
1 Apfel
40 g Butter oder pflanzliche Butter

Basiszutaten

1 kleine Zwiebel
300 g Baguette
1 EL Rosinen
5 Mandeln
1 Knoblauchzehe, geschält
1–2 EL weißes Mandelmus

Gewürze

1 EL Bratöl
natürliches Salz
schwarzer Pfeffer aus der Mühle
gemahlener Zimt
1 Prise Chilipulver
½ TL Honig oder Ahornsirup
2 Tropfen weißer Balsamicoessig

Die Rosenkohlblätter abziehen und waschen. Dazu am besten den Strunk kreisförmig herausschneiden und dann die Blätter einzeln abziehen. Den Kern, der übrigbleibt, einfach in Scheiben schneiden. Die Zwiebel fein würfeln. Das Baguette in 1 cm dicke Scheiben schneiden. Die Rosinen in einer Tasse mit kochendem Wasser einweichen. Den Apfel waschen, nach Belieben schälen und entkernen. Ein Viertel des Apfels in Spalten schneiden, den Rest klein würfeln. Die Mandeln halbieren.

In einer Pfanne das Bratöl erhitzen und die Mandeln darin goldgelb anbraten. Aus der Pfanne nehmen und auf einem Küchentuch abtropfen lassen. Die Zwiebel in die Pfanne geben, mit etwas Salz würzen und glasig braten, dann die Apfelwürfel und -spalten, die Rosenkohlblätter, 300 ml Wasser und die abgetropften Rosinen dazugeben und alles 4 Minuten bei mittlerer Temperatur ohne Deckel köcheln lassen.

Eine weitere Pfanne erhitzen und die Butter darin schmelzen. Mit Salz, Pfeffer und Zimt würzen, dann die Baguettescheiben darin von beiden Seiten kross anbraten. Warm halten.

Den Rosenkohl mit einer Prise Chilipulver würzen und mit Salz und Pfeffer abschmecken. Dann den Knoblauch auf die Baguettescheiben reiben und den Kohl auf den Brotscheiben anrichten. Den restlichen Kochsud mit dem Mandelmus, dem Honig oder Ahornsirup, etwas Salz, dem Essig, einer Prise Zimt und Pfeffer abschmecken. Die Bruschettas mit der Sauce beträufeln, mit Apfelspalten und Mandeln garnieren und servieren.

Panierte Kräuterflädle mit Preiselbeeren und Kohlgemüse

Für 2–3 Portionen

Saisonale und frische Zutaten

400 g Weißkohl
4 Eier
175 ml Milch

Basiszutaten

2 Zwiebeln
1 Knoblauchzehe
150 g Dinkelmehl (Type 630)
80 g Semmelbrösel
6 EL Preiselbeermarmelade
weißes Mandelmus

Frische Kräuter

2 Zweige frischer Thymian
6 Zweige frische Petersilie

Gewürze

natürliches Salz
1 Prise Rohrohrzucker
Bratöl
1 EL weißer Balsamicoessig
1 Prise Kümmel
schwarzer Pfeffer aus der Mühle
100 ml Gemüsebrühe
1 Prise geriebene Muskatnuss

Eine halbe Zwiebel fein würfeln, die restlichen eineinhalb Zwiebeln in dünne Ringe schneiden. Den Knoblauch in Scheiben schneiden. Den Weißkohl in 1 cm breite Streifen schneiden. Die Thymianblätter von den Zweigen ziehen und fein schneiden. Die Petersilie mit Stängeln sehr fein schneiden.

Das Mehl durch ein Sieb in eine große Schüssel sieben. In einem hohen Rührgefäß 2 Eier mit einem Schneebesen luftig aufschlagen, dann die Milch zugeben. Die Mischung mit ¼ TL Salz und einer Prise Zucker würzen und alles gut mit den Schneebesen verquirlen. Jetzt die Hälfte des Mehls zugeben und einrühren, dann die zweite Hälfte zugeben und alles zu einem klümpchenfreien Teig verarbeiten. Die Petersilie dazugeben und alles gut vermengen.

Eine beschichtete tellergroße Pfanne mit 1 EL Bratöl ausstreichen und erhitzen. Eine mittelgroße Schöpfkelle Teig in die Mitte der heißen Pfanne gießen und den Teig durch Schwenken der Pfanne gleichmäßig und hauchdünn verteilen. Die Temperatur etwas reduzieren. Sobald der Pfannkuchen auf der Unterseite leicht knusprig ist und Farbe bekommt, wenden. Wenn der Pfannkuchen auf beiden Seiten knusprig ist, auf einen Teller geben und den nächsten backen.

Die Zwiebelringe in einer Pfanne mit 1 TL Bratöl knusprig braun braten, mit dem Essig ablöschen und alles einkochen lassen. Mit Salz und Pfeffer würzen und die Zwiebelringe ebenfalls auf einen Teller geben. Jetzt die halbe gewürfelte Zwiebel in der Pfanne mit 1 EL Bratöl scharf anbraten. Nach 1 Minute den geschnittenen Kohl zugeben und das Gemüse mit Kümmel, Knoblauch, Salz und Pfeffer würzen. Eine Minute braten, dann mit der Gemüsebrühe aufgießen und alles 5 Minuten bei geschlossenem Topfdeckel köcheln lassen.

Jetzt die Panierstation aufbauen: 2 Eier mit etwas Salz, Pfeffer und Thymianblättern verquirlen und auf einen Teller geben. Auf einem weiteren Teller die Semmelbrösel bereitstellen. Jeden Pfannkuchen mit 1 EL Preiselbeermarmelade bestreichen und ein paar Zwiebelringe darauf verteilen. Die Pfannkuchen straff zusammenrollen und von allen Seiten zunächst im Ei und dann in den Bröseln wenden. Die Panade leicht andrücken.

In einer Pfanne 6 EL Bratöl erhitzen. Wenn das Öl heiß ist, die panierten Flädle von allen Seiten goldgelb und knusprig ausbacken. Dann zum Abtropfen auf ein Küchentuch geben.

Das Kohlgemüse mit 1 EL Mandelmus, frisch geriebener Muskatnuss, Salz und Pfeffer abschmecken und zusammen mit den panierten Flädle auf Tellern anrichten.

Tipp: Zu diesem Gericht schmeckt eine Balsamico-Reduktion einfach superlecker. Diese herzustellen, ist ganz einfach: 200 ml dunklen Balsamicoessig in einem Topf einkochen, bis er eine leicht dickflüssige Konsistenz besitzt. Achtung: Die Reduktion ist im heißen Zustand viel flüssiger als im abgekühlten, also nicht zu lange reduzieren lassen. Dabei am besten dabei den Dunstabzug auf höchster Stufe laufen lassen und das Küchenfenster öffnen, sonst brennen die Augen und die Wohnung stinkt.

Vegantipp

Die Pfannkuchen kann man auch prima vegan zubereiten (siehe Seite 146), ebenso wie die Panade (siehe Seite 141).

Falafel »Bavarian Style« mit Vogerl-Kartoffelsalat

Für 2–3 Portionen

Saisonale und frische Zutaten

500 g festkochende Kartoffeln
1 Apfel
50 g Feldsalat

Basiszutaten

200 g Kichererbsenmehl
70 g fein gewürfeltes altes Weißbrot oder Knödelbrot
2 EL weißes Mandelmus
2 Zwiebeln
1 Knoblauchzehe

Frische Kräuter

½ Bund frische Petersilie

Gewürze

550 ml Gemüsebrühe
natürliches Salz
schwarzer Pfeffer aus der Mühle
2 EL mittelscharfer Senf
1 TL edelsüßes Paprikapulver
neutrales Bratöl
1 Prise Chilipulver
1 TL Rohrohrzucker
6 EL weißer Balsamicoessig

Das Kichererbsenmehl in einer beschichteten Pfanne kurz und sanft anrösten. Dann in einer großen Schüssel mit den Brotwürfeln, 350 ml von der warmen Gemüsebrühe, Salz, Pfeffer, 1 EL Mandelmus, 1 EL Senf und dem Paprikapulver vermengen. Die Mischung etwa 30 Minuten ziehen lassen, dabei gelegentlich durchmischen.

Die Kartoffeln in ausreichend Wasser oder mit dem Dämpfeinsatz je nach Größe 20–25 Minuten kochen. Die Zwiebeln und den Knoblauch fein würfeln und in einer Pfanne mit Salz und Pfeffer, 2 EL Bratöl und dem Chilipulver glasig anbraten. Die Petersilie mit Stängeln fein schneiden.

Die Hälfte der Petersilie, die Zwiebeln und den Knoblauch zu der Mehlmasse geben und alles sorgfältig vermengen. Die restliche Petersilie zusammen mit 200 ml Gemüsebrühe, 1 EL Senf, dem Zucker und etwa 6 EL Essig in die Zwiebelpfanne geben, kurz aufkochen und bei niedriger Temperatur warm halten.

Den Apfel schälen, entkernen, vierteln und in dünne Scheiben schneiden. Die fertig gegarten Kartoffeln 10 Sekunden unter kaltem Wasser abschrecken, zügig schälen und dann in 0,5 cm dicke Scheiben in eine große Schüssel schneiden. Die Hälfte des Zwiebelsuds über die Kartoffeln gießen und alles mit einem Kochlöffel gut vermengen.

Sobald die Kartoffeln den Sud aufgenommen haben, den restlichen Sud dazugeben und den Salat mit der Hand (Vorsicht, heiß!) ein- bis zweimal kräftig durchmischen. Die dabei zerquetschten Kartoffeln sorgen für eine tolle Bindung und Konsistenz. 4 EL Öl untermischen und alles noch einmal mit Salz, Pfeffer, Essig und Zucker abschmecken. Die Apfelstücke unterheben und den Salat 20 Minuten zugedeckt ziehen lassen.

Den Kichererbsenteig kurz durchkneten. Wenn er zu feucht ist, um gut formbar zu sein, etwas Dinkelmehl einarbeiten. Jetzt mit leicht angefeuchteten Händen Bratlinge formen und diese in einer heißen Pfanne mit 6 EL Bratöl 4–5 Minuten bei mittlerer Temperatur von beiden Seiten knusprig braten. Die fertigen Bratlinge aus der Pfanne sofort auf ein Küchentuch legen, damit das überschüssige Fett abtropfen kann.

Jetzt den frischen Feldsalat unter den Kartoffelsalat heben und die Mischung nochmals mit Salz, Pfeffer, Senf, Öl und Essig abschmecken. Eine Falafel waagrecht in der Mitte aufschneiden und mit Kartoffelsalat füllen. Mit etwas Senf, Kartoffelsalat und den restlichen Falafeln anrichten, servieren und genießen.

Tipp: Ich mache von beiden Bestandteilen dieses Gerichts immer gleich die doppelte Menge, denn beides schmeckt kalt am nächsten Tag auch noch richtig gut.

Thymian-Hack-Pfanne im Bratapfel

Für 2 Portionen

Saisonale und frische Zutaten

150 g Weißkohl
2 große Äpfel

Basiszutaten

150 g Sojagranulat
1 Zwiebel
2 Knoblauchzehen
1 unbehandelte Orange
1 TL Mandelmus

Frische Kräuter

3 Zweige frische Petersilie
6 Zweige frischer Thymian

Gewürze

400 ml kräftige Gemüsebrühe (Bio-Pulver)
1 Prise Vanillemark oder gemahlene Vanille
1 Prise gemahlene Gewürznelke
1 Prise gemahlener Zimt
1 Prise gemahlener Kardamom
5 EL Bratöl
1 EL Tomatenmark
1 Prise Chilipulver
½ TL gemahlener Koriander
schwarzer Pfeffer aus der Mühle
1 TL edelsüßes Paprikapulver
1 TL Zucker
½ TL Bio-Gemüsebrühepulver
natürliches Salz

Die Gemüsebrühe in einem Topf aufkochen und das Sojagranulat nach Packungsanleitung darin kochen, ziehen und dann abtropfen lassen. Den Weißkohl in 1 cm breite und 2 cm lange Streifen schneiden. Die Zwiebel fein würfeln, die Petersilie mit Stängeln fein schneiden und die Knoblauchzehen in dünne Scheiben schneiden. 1 cm breit den Deckel der Äpfel mitsamt Stiel abschneiden, dann die Äpfel mit einem Löffel oder Ausstecher vom Kerngehäuse befreien und etwas aushöhlen. 1 EL Orangensaft mit dem Mandelmus, der Vanille, der Nelke, dem Zimt und dem Kardamom vermengen. Das Fruchtfleisch der Äpfel damit einreiben.

Den Ofen auf 180 °C vorheizen. Eine Pfanne mit dem Bratöl erhitzen und darin das Tomatenmark 1 Minute scharf anrösten. Mit Chilipulver, einer Prise Koriander, Pfeffer, Paprikapulver und Zucker würzen. Das Sojagranulat dazugeben, alles gut vermengen und erhitzen, bis die Flüssigkeit verkocht ist. Anschließend alles 3 Minuten scharf anbraten, bis sich goldbrauner Röstsatz bildet. Den Knoblauch, die Thymianzweige, das Brühepulver und die Zwiebelwürfel in die Pfanne geben und alles bei mittlerer Temperatur 5 Minuten sanft weiterbraten. Vom Herd nehmen, die Petersilie dazugeben, alles mit Salz und Pfeffer abschmecken und in der Pfanne ziehen lassen.

Die Kohlstreifen mit kochendem Wasser überbrühen, 1 Minute im Wasser ziehen lassen und dann abgießen. Mit Koriander, Pfeffer, Salz und ½ TL abgeriebener Orangenschale vermengen und die Äpfel zur Hälfte mit der Mischung füllen. Mit der Sojamischung auffüllen und die Äpfel bei 150°C 20–25 Minuten in einer ofenfesten, eingeölten Form backen. Aus dem Ofen nehmen, mit dem Kochsud beträufeln, servieren und einfach genießen!

Kohlrouladen mit Kartoffel-Schwarzwurzel-Gröstel

Für 2–3 Portionen

Saisonale und frische Zutaten
500 g festkochende Kartoffeln
100 g Schwarzwurzel
1 Kopf Weißkohl, Rotkohl oder Wirsing
200 g Räuchertofu
1 Ei

Basiszutaten
70 g Knödelbrot oder trockene Semmeln
2 Zwiebeln
1 TL Mehl
Bratengarn oder Spieße
weißes Mandelmus
1 EL Preiselbeermarmelade

Frische Kräuter
3 Zweige frischer Thymian
1 Zweig frischer Rosmarin
5 Zweige frische Petersilie

Gewürze
Bratöl
1 ½ EL edelsüßes Paprikapulver
1 Prise Rohrohrzucker
1 Prise geriebene Muskatnuss
schwarzer Pfeffer aus der Mühle
1 Prise Chilipulver
1 TL Pulver-Gemüsebrühe (Bio)
1 ½ EL Senf
500 ml Gemüsebrühe
½ TL Kümmel
½ TL gemahlener Koriander
natürliches Salz

Das Knödelbrot in feine Würfel schneiden. Die Thymianblätter und Rosmarinnadeln von den Zweigen ziehen und zusammen mit der Petersilie fein schneiden. Die Zwiebeln fein würfeln. Die Kartoffeln in einem Topf mit Dämpfeinsatz oder in ausreichend Wasser 20 Minuten garen. Die Schwarzwurzeln schälen, in 2 cm lange Stücke schneiden und 5 Minuten in Salzwasser kochen. Anschließend mit kaltem Wasser abschrecken.

Den Kohlkopf zylinderförmig von seinem Strunk befreien und in einem großem Topf mit kochendem Wasser etwa 30 Sekunden blanchieren. Dadurch lassen sich die äußeren Blätter leichter ablösen, ohne einzureißen. Nach dem Ablösen von ein bis zwei Blättern den Kohl wieder in den Topf geben und so nach und nach 6 schöne, große Kohlblätter ablösen. Die einzelnen Blätter jeweils noch einmal 1–2 Minuten blanchieren, in Eiswasser abschrecken und mit Küchenpapier abtrocknen.

Den Räuchertofu mit den Händen sehr fein zerkrümeln. Eine Pfanne mit 4 EL Bratöl erhitzen. 1 EL Paprikapulver, je eine gute Prise Zucker, Muskatnuss, Pfeffer und Chilipulver und das Brühepulver darin kurz anrösten und die Tofukrümel dazugeben. Alles 2 Minuten scharf anbraten, die Hälfte der Zwiebeln und die Kräuter dazugeben, alles gut vermengen und weitere 3 Minuten braten. Dann 1 EL Senf und das Knödelbrot untermischen und alles zum Abkühlen auf einen Teller geben.

Wenn die Kartoffeln gar sind, 10 Sekunden in kaltem Wasser abschrecken. Zügig schälen und in 0,5 cm dicke Scheiben schneiden.

Den Ofen auf 150 °C (Ober- und Unterhitze) vorheizen. Wenn die Tofumasse etwas abgekühlt ist, das Ei aufschlagen und mit dem Mehl zu dem Tofu geben. Alles mit den Händen gut durchkneten. Den groben Teil vom Strunk der Kohlblätter herausschneiden. Zwei Blätter nebeneinanderlegen und überlappen lassen. Jetzt mit dem Löffel kleine Portionen der Tofumasse darauf verteilen. Jedes Blatt von unten einschlagen, dann die Seitenränder zur Mitte hin einschlagen und die Roulade straff zusammenrollen. Mit dem Bratengarn zusammenbinden oder mit Spießen fixieren.

Die Rouladen in einer ofenfesten Pfanne zusammen mit 1 EL Zwiebelwürfel und etwas Bratöl anbraten, bis sie Farbe bekommen. Dann mit der Brühe angießen. Bratsatz vom Boden lösen und die Rouladen 30 Minuten im Ofen garen.

Eine Pfanne mit 4 EL Bratöl, dem Kümmel, den restlichen Kräutern, dem Koriander, ½ TL Paprikapulver, Salz, Chilipulver und Pfeffer erhitzen. Die Kartoffeln und die Schwarzwurzelstücke darin bei mittlerer Temperatur braten, bis die Kartoffeln schön knusprig sind. In der Mitte der Pfanne etwas Platz machen. Die restlichen Zwiebelwürfel hineingeben und glasig anbraten. Alles vermengen, mit Salz und Pfeffer abschmecken und warm halten.

Die Rouladen aus dem Ofen nehmen und auf auf einen Teller geben. Mit Alufolie zudecken und warm halten. Den Kochsud mit 1 EL Mandelmus, 1 TL Paprikapulver, der Preiselbeermarmelade und 1 TL Senf aufkochen, bis eine leicht sämige Sauce entsteht. Mit Salz und Pfeffer abschmecken.

Das Bratengarn entfernen und die Rouladen zusammen mit den Kartoffeln auf Tellern anrichten. Die Sauce separat dazu servieren.

Ingwer-Apfel-Gratin mit Krokant und Zimt-Kokossahne

Für 2 Portionen

Saisonale und frische Zutaten

1 großer Apfel

1 EL Butter oder pflanzliche Butter

Basiszutaten

1 Dose Kokosmilch

4 EL Walnusshälften

4 EL Haselnüsse

4 EL Mandeln

Frische Kräuter

1 Stück (6 cm) frischer Ingwer

Gewürze

1 Prise gemahlener Kardamom

1 Prise gemahlene Gewürznelke

1 Prise Vanillemark oder gemahlene Vanille

2½ EL Rohrohrzucker

½ TL gemahlener Zimt

natürliches Salz

Die Kokosmilchdose für 20 Minuten ins Gefrierfach geben. Den Ofen auf 150 °C (Umluft) vorheizen. Den Ingwer fein raspeln und mit der Hand den Saft in eine kleine Schüssel pressen. Den Kardamom, das Nelkenpulver und die Vanille dazugeben und alles gut vermengen.

Den Apfel schälen, mit einem Ausstecher vom Kerngehäuse befreien oder halbieren und das Gehäuse mit dem Messer herausschneiden. Beide Hälften mit dem gewürzten Ingwersaft einreiben und sie darin einlegen.

Die Nüsse mit einem Messer grob hacken. In einer Pfanne die Butter erhitzen und die Nüsse darin 1 Minute kurz anrösten, 2 EL Zucker dazugeben und alles bei mittlerer Temperatur karamellisieren, bis der Zucker geschmolzen ist.

Die Äpfel in zwei kleine Ofenformen legen und die Nüsse darüber verteilen. Die Äpfel in den Backofen schieben und etwa 15 Minuten backen.

Die Kokosmilch aus dem Gefrierfach nehmen. Das fest gewordene Kokosfett mit dem Löffel abheben und in eine Schüssel geben. 1 TL Zucker, den Zimt und etwas Salz dazugeben und alles mit dem Rührgerät zu einer homogenen, steifen Masse verschlagen.

Den Apfelgratin in der Form, mit einem Klecks Zimt-Kokossahne garniert, servieren und genießen.

Tipp: Wenn du die beiden Äpfel zusätzlich mit etwas Marzipan füllst, erhält das Gericht eine besonders feine Note. Schmeckt übrigens auch mit anderen Früchten super!

Orangenkücherl mit Cashew-Vanillesauce

Für 2 Portionen

Orangenkücherl

Saisonale und frische Zutaten
2 EL vollfettes Sojamehl oder 1 Ei
100 ml Weizen- oder Malzbier
2 süße, unbehandelte Orangen

Basiszutaten
70 g Dinkelmehl (Type 630)

Gewürze
natürliches Salz
½ TL gemahlener Zimt
1 TL Ahornsirup oder Honig
Bratöl

Cashew-Vanillesauce

Saisonale und frische Zutaten
100 ml Dinkel-, Hafer- oder Sojamilch
3 EL Soja- oder Hafersahne

Basiszutaten
3 EL Cashewmus

Gewürze
1 Vanilleschote
4 EL Rohrohrzucker
natürliches Salz

Für die Orangenkücherl das Dinkelmehl, das Sojamehl, das Bier, Salz, den Zimt, ½ TL abgeriebene Orangenschale und den Honig oder Ahornsirup mit einem Schneebesen zu einem klümpchenfreien Teig verschlagen. Die Masse 10 Minuten ruhen lassen.

Die Orange schälen und so gut wie möglich von der weißen Haut befreien. Die Kappen abschneiden und und die Frucht in 1 cm dicke Scheiben schneiden.

Für die Vanillesauce die Vanilleschote auskratzen und Mark und Schote in der Milch aufkochen. Die Mischung vom Herd nehmen und 10 Minuten ziehen lassen. Die Vanilleschote herausnehmen, dann das Cashewmus, die Sahne, 3 EL Zucker und eine Prise Salz einrühren.

Einen Topf 3–4 cm hoch mit Bratöl füllen und dieses auf bei hoher Temperatur erhitzen. Den Teig kräftig durchrühren. Er muss sehr dickflüssig sein, damit er gut an den Orangenscheiben haften bleibt. Wenn er zu flüssig ist, etwas mehr Mehl klümpchenfrei einarbeiten. Wenn das Öl heiß genug ist, die Orangenscheiben durch den Teig ziehen, kurz abtropfen lassen und dann vorsichtig ins Fett gleiten lassen.

Die frittierten Kücherl auf Tellern anrichten, nach Belieben mit etwas Zucker oder Puderzucker bestreuen und mit Vanillesauce beträufeln. Die restliche Sauce separat dazu servieren und genießen.

Tipp: Dieses Gericht kannst du in jeder Saison machen und die jeweils reifen Früchte verwenden. Egal ob mit Äpfeln, Birnen, Zwetschgen, Pfirsichen, Aprikosen, Bananen oder Erdbeeren – diese Küchlein schmecken immer himmlisch!

Anhang

Rezeptregister

Stichwortregister

Weitere Informationen zur vegetarischen/veganen Lebensweise

Vegetarierbund Deutschland — www.vebu.de

Albert Schweitzer Stiftung für unsere Mitwelt — www.albert-schweitzer-stiftung.de

PETA stoppt tierquälerei! — www.peta.de

Danke

Dieses Projekt wurde von so vielen wunderbaren Menschen unterstützt und getragen, dass ich ihnen allen hier von Herzen »Danke« sagen möchte.

Ich möchte bei meiner Freundin Laura anfangen: Danke, dass du in den unzählbaren Stunden, in denen ich dieses Buch geschrieben habe und es mich manchmal emotional von den höchsten Höhen in die tiefsten Tiefen und wieder zurück führte, geduldig für mich da warst und mich immer so herzlich unterstützt und beraten hast.
Hansi, meinem gutem Freund und Schöpfer der Bilder in diesem Buch: Du bist der beste Fotograf, den ich kenne. Deine Bilder und die Zeit mit dir erfüllen mich mit großer Freude!
Meiner Mutter: Du hast durch deine großartige Küche und deinen Sinn für gutes Essen die Grundlage für meine kulinarische Reise gelegt. Dafür danke ich dir von Herzen!
Meinen Kumpels Olli und Poldi von LOWE Design: Ihr habt das Projekt zusammen mit Hansi und mir getragen, und ich möchte keine der vielen Stunden, in denen unsere Köpfe geraucht haben, missen.
Jana, die dachte, sie mache bei Olli und Poldi ein normales Praktikum: Danke für deine Energie und Zeit, die du, angefangen bei der Titelfindung bis hin zum Druck, in dieses Projekt investiert hast.
Birthe, als Lektorin mehr wert als Gold: Du hast den Sinn meiner Gedanken und Worte sofort erfasst und noch mehr zum Fließen gebracht, als ich es für möglich gehalten hätte.
Flo, ein Künstler im illustrierenden Gewand: Deine Bilder und Collagen haben mich vom ersten Moment an umgehauen. Danke für deine Geduld.
Esther, ein Adlerauge, das der Himmel geschickt hat: Danke, dass du dir meine vielen Rechtschreibfehler noch einmal vorgeknöpft hast.
Meinem Onkel Kurti und Stefan von Parat Druck: Ihr habt uns vom ersten Gespräch an unterstützt und hart daran gearbeitet, die maximale Qualität für unser Buch herauszuholen.
Anja, die in der Welt von PR und Marketing zuhause ist: Danke für deine vielen Tipps, Texte und motivierenden Worte.
Markus Jocher von MJM – maison noble e. K.: Danke für das wundervolle Geschirr, das du uns für unsere Bilder zur Verfügung gestellt hast und auf dem wir meine Gerichte in Szene setzen durften.
Das HAUS DER GESCHENKE aus Bayrischzell: Danke für die vielen schönen und bunten Stoffe, die unsere Bilder haben leuchten lassen.
Und zu guter Letzt Andi, meinem guten Surfkumpel, der gerade selbst ein Buch im Eigenverlag veröffentlicht hat: Danke, dass du deine vielen Erkenntnisse in Sachen Verlagswesen mit mir geteilt hast, dein Buch ist der Knaller!

Danke auch an jeden, der dieses Buch kauft, verschenkt und weiterempfiehlt. Nur durch euch wird unser Projekt lebendig!

BILDNACHWEIS:

© Hansi Heckmair	Portraits S. 9 Food-Fotos S. 16-17, 18-19, 25, 27, 30-31, 33, 37, 38-41, 49, 52-53, 57, 59, 60, 63, 69, 71, 73, 75, 77, 78-79, 82-83, 85, 87, 89, 91, 95, 97, 98-99, 101, 103, 105, 107, 108-109, 111, 113, 115, 117, 121, 123, 124-125, 127, 128-129, 131, 134-135, 137, 138-139, 141, 143, 145, 147, 151, 152-153, 155, 157, 159, 162-163, 165, 167, 169, 170-171, 173, 175, 181
© Florian Fischer, Helmut Morrison GmbH	Cover-Illustration Illustrationen S. 55, 66-67, 92-93, 118-119, 148-149
© shutterstock.com	Illustrationen S. 15, 25, 27, 35, 36, 43, 46, 48, 56, 63 Fotos S. 64, 65
© shotshop.com	Food-Freisteller (Schwarz-Weiß) S. 14, 40, 42, 45, 81
© Jana Wollherr, Loitfelder & Weikamp GbR	Illustration S. 21
© Küss die Hand - Film Entertainment Artists	Portrait S. 22-23

Text und Rezepte: Sebastian Copien
Foodfotogafie: Hansi Heckmair
Gestaltung und Erstsatz: Loitfelder & Weikamp
Umschlaggestaltung und Illustrationen: Helmut Morrison
Lektorat: Birthe Katt

Aktualisierte Neuauflage:
Produktmanagement: Eva Dotterweich
Textredaktion und Satz: Gundula Müller-Wallraf
Korrektur: Asta Machat
Herstellung: Bettina Schippel
Printed in Slovenia by Korotan, Ljubljana

* * * * *

Sind Sie mit diesem Titel zufrieden? Dann würden wir uns über Ihre Weiterempfehlung freuen. Erzählen Sie es im Freundeskreis, berichten Sie Ihrem Buchhändler, oder bewerten Sie bei Onlinekauf. Und wenn Sie Kritik, Korrekturen, Aktualisierungen haben, freuen wir uns über Ihre Nachricht an:

Christian Verlag, Postfach 40 02 09, D-80702 München
oder
per E-Mail an lektorat@verlagshaus.de.

Unser komplettes Programm finden Sie unter www.christian-verlag.de

Alle Angaben dieses Werkes wurden vom Autor sorgfältig recherchiert und auf den neuesten Stand gebracht sowie vom Verlag geprüft. Für die Richtigkeit der Angaben kann jedoch keine Haftung übernommen werden.

Die Deutsche Nationalbibliothek verzeichnet diese Publikation in der Deutschen Nationalbibliografie; detaillierte bibliografische Daten sind im Internet über http://dnb.d-nb.de abrufbar.

Die Originalausgabe wurde 2013 im Eigenverlag von Sebastian Copien veröffentlicht.

ISBN 978-3-86244-697-1

Ebenfalls erhältlich ...

ISBN 978-3-88472-968-7

ISBN 978-3-86244-591-2

ISBN 978-3-86244-495-3

ISBN 978-3-86244-572-1

Kochen & genießen mit den Jahreszeiten
LandFRISCH
März & April | Nr. 2/14 | 4,50 €
LandIDEE
Neu: Jetzt mit Weintipp
LandFRISCH
KOCHEN MIT DEN JAHRESZEITEN
75 Rezepte
Liebevoll zubereitet
Schafskäse
Zu Besuch in der Manufaktur
Kräuterbrot
Aus der Backstube der Müllerin
Spinat
Rezepte mit dem zarten Gemüse
Leichter Genuss
Vorfreude auf frisches Gemüse
Alle 2 Monate FRISCH im Handel!
Aus der LandIDEE-Familie